基础汉语课本

修订本

第三册

ELEMENTARY CHINESE READERS

REVISED EDITION

BOOK THREE

北京语言学院 编

华语教学出版社

北 京

SINOLINGUA

BEIJING

First Edition   1996

ISBN 7-80052-183-4

Copyright 1996 by Sinolingua

Published by Sinolingua

24 Baiwanzhuang Road, Beijing 100037, China

Printed by Beijing Foreign Languages Printing House

Distributed by China International

Book Trading Corporation

35 Chegongzhuang Xilu, P.O. Box 399

Beijing 100044, China

Printed in the People's Republic of China

目　录

第四十五课 Lesson 45

一、课文 Text

一篇日记

1988年9月12日　　星期一　　晴

飞机慢慢儿地落下来了。我的心跳得更快了，终于到了中华人民共和国的首都——北京。两年以前，我就很希望能有机会来中国学习。今天我的理想实现了，心里怎么能不激动呢？

一下飞机，我们就受到中国朋友的热烈欢迎。他们对我们说："你们好，欢迎你们！路上辛苦了，坐这么长时间的飞机，一定很累吧！"我们对中国朋友的关心表示感谢。我说："我们谁都愿意快一点儿到北京，虽然有一点儿累，但是很高兴。"

在去学校的路上，中国朋友指着路两边的建筑告诉我们：这是各国大使馆，那是友谊商店，这座楼是国际俱乐部，那座楼是北京饭店……

汽车经过天安门广场的时候，我一看就喊了出来："这不是天安门吗？"以前我只在画报上看见过,今天见到真的天安门广场了,我多么想马上下车看一看啊!中国朋友介绍说,广场北边是天安门城楼,从城楼下面的大门进去,就是有名的故宫。广场东边是历史博物馆,西边是人民大会堂,中间是人民英雄纪念碑,南面是毛主席纪念堂。广场面积有四十万平方米,可以站得下五十万人,是现在世界上最大的广场之一。他们说,过几天一定带我们来这里参观。

到了学校,洗完澡,吃完饭,回到宿舍以后,我心里想:从今天起,我就要在中国生活、学习了。在中国生活将会怎么样呢?我想一定会很有意思的。

二、生词 New Words

1. 日记　　　（名）　rìjì　　　　diary
2. 落　　　　（动）　luò　　　　land, fall
3. 终于　　　（副）　zhōngyú　　at last
4. 希望　　（动、名）　xīwàng　　hope
5. 机会　　　（名）　jīhuì　　　opportunity, chance
6. 理想　　（名、形）　lǐxiǎng　　ideal
7. 实现　　　（动）　shíxiàn　　realize
8. 受到　　　（动）　shòudào　　receive
9. 辛苦　　　（形）　xīnkǔ　　　hard

10. 表示	（动）	biǎoshì	express, show
11. 感谢	（动）	gǎnxiè	thank
12. 建筑	（名、动）	jiànzhù	building; build
13. 俱乐部	（名）	jùlèbù	club
14. 多么	（副）	duōme	how
15. 城楼	（名）	chénglóu	(city) gate tower
16. （下）面	（名）	(xià)miàn	（下）边
17. 故宫	（专）	Gùgōng	the Imperial Palace
18. （大会）堂	（名）	(dàhuì) táng	(assembly) hall
19. 英雄	（名）	yīngxióng	hero
20. 纪念	（动、名）	jìniàn	commemorate; commemoration
21. 碑	（名）	bēi	monument
22. 毛	（专）	Máo	*a surname*
23. 主席	（名）	zhǔxí	chairman
24. …之一		…zhī yī	one of the …
25. 这里	（代）	zhèlǐ	这儿
26. 洗澡		xǐ zǎo	take a bath
27. 澡	（名）	zǎo	bath

三、词语例解 Notes

1. 终于

"终于"表示经过较长的过程最后出现某种结果。多用于希
望达到的结果。一般用在主语之后。例如：

3

终于 usually used after the subject, indicates that a certain hopeful result has appeared after a long process, e.g.

今天我终于看到了长城。

经过大家认真讨论和研究，问题终于解决了。

他每天早上锻炼，身体终于好起来了。

2. 心里怎么能不激动呢

这是一个反问句。反问句是一种强调的表达方式，否定的反问句强调肯定意义，肯定的反问句强调否定意义。例如：

This is a rhetorical question whose negative form emphasizes the affirmative meaning and whose affirmative form emphasizes the negative meaning, e.g.

二十年前的老朋友又见面了，他怎么能不高兴呢？

他病刚好，还要休息几天，怎么能马上去上课呢？

你有了困难，我们哪儿能不帮助你呢？

3. 心里怎么能不激动呢

语气助词"呢"用在反问句句尾，常与"怎么""哪儿"等呼应，可使全句语气比较缓和，有时带有需要思考或容人思考的意味。例如：

The modal particle 呢, used at the end of a rhetorical question and often used in conjunction with 怎么、哪儿 etc., moderates the sentence tone, and sometimes implies a reasoning tone, e.g.

看到留学生能用汉语表演节目了，我们怎么能不高兴呢？

他一个人怎么搬得动那个机器呢？

4. 谁都愿意快一点儿到北京

疑问代词的一种活用法是用在句中表示任指，用来代替任何人或任何事物，强调没有例外。后边常有"都"或"也"和它呼应。例如：

The interrogative pronouns such as 谁，什么，怎么 etc. used before 都 or 也... indicate a general reference, stressing no exception, e.g.

谁也不知道他到哪儿去了。

我们谁都想看这场歌舞。

他们什么困难也不怕。

你怎么作都可以，我没有意见。

5. 这不是天安门吗

"不是……吗"是个表示反问的常用的格式，用来强调肯定的意思。例如：

不是…吗 is a common rhetorical form, which emphasizes an affirmative meaning, e.g.

你不是看了那个展览了吗？给我们介绍介绍吧。

这个句子不是很容易吗？他为什么翻译错了呢？

在"是"字句中只用"不…吗"。例如：

Only 不…吗 can be used in the sentence with 是, e.g.

不要找了，这不是你的钢笔吗？

6.我多么想马上下车看一看啊

"多么"用在感叹句里，用在形容词、助动词或少数动词前，表示程度很高。句尾常有"啊"和它呼应。例如：

多么 used before an adjective, auxiliary verb or one of a few verbs in the exclamatory sentence, indicates a high degree. It is often used in conjunction with 啊 at the end of the sentence, e.g.

他汉语说得多么流利啊！

昨天看的话剧多么有意思啊！

我多么想在北京再住些天啊！

在口语里，"多么"有时省为"多"，而且可以不用语气助词"啊"。例如：

Sometimes in spoken language, 多么 is simplified as 多 and the modal particle 啊 can also be omitted, e.g.

昨天在长城玩的多有意思。

7. 可以站得下五十万人

"下"用在可能补语里，表示能容纳一定的数量。动词多为"坐、站、睡、停、放、住"等。例如：

下 used as a potential complement after some verbs such as 坐，站，睡，躺，停，放，住 etc., indicates that there is enough space to contain sth. or some people, e.g.

这个礼堂坐得下一千人。

那个饭店住得下住不下六百人？

8. 是现在世界上最大的广场之一

"之一"的意思是许多同类事物中的一个。多用于书面语。例如：

6

之一 mostly used in written language, means "one of the . . .", e.g.

北京大学是中国有名的大学之一。

上海是我们要参观访问的三大城市之一。

9. 我想一定会很有意思的

语气助词"的"用在陈述句句尾，表示肯定的语气。有时谓语中有"会""要"等能愿动词。例如：

The modal particle 的, used at the end of a declarative sentence, and sometimes used together with some auxiliary verbs such as 会, 要, etc., indicates an affirmative tone, e.g.

这件事情他知道的。

别着急，她一定会帮助你的。

再等一会儿吧，他说他要来的。

四、练 习 Exercises

1. 熟读下列词组并扩展成句子：

例： 写日记

我每天晚上都写日记。

表示感谢　　终于实现　　学习的机会

表示欢迎　　人民英雄　　高大的建筑

非常激动　　纪念活动

理想实现　　受到欢迎

2. 用"终于"完成句子：

（1）工人们紧张地劳动了一天，这架机器

―――――

（2）　经过一年的学习，我们＿＿＿＿＿。

（3）　用了两个月的时间，我＿＿＿＿＿这本书。

（4）　开始学习的时候，我虽然觉得比较难，

　　　＿＿＿＿＿。

（5）　我忘了他住在什么地方了，问了几个人，

　　　＿＿＿＿＿。

（6）　我很早就希望看看长城，＿＿＿＿＿。

3．用疑问代词活用法完成下列句子：

（1）　那个工业展览会非常好，＿＿＿＿＿。（谁）

（2）　我们班的同学＿＿＿＿＿这次排球比赛。

　　　（谁）

（3）　这个商店很大，＿＿＿＿＿。（什么）

（4）　你＿＿＿＿＿都可以，我在家里等你。（什

　　　么）

（5）　我的理想终于实现了，用＿＿＿＿＿也说不

　　　出我是多么激动。（什么）

（6）　村里村外，天天都有人扫，＿＿＿＿＿＿

　　　＿＿＿＿＿。（哪儿）

（7）　这些故事都很有意思，＿＿＿＿＿＿＿

　　　＿＿＿＿＿。（哪个）

（8）　这件衣服太小了，＿＿＿＿＿。（怎么）

4．用"不是…吗"改写下列句子中带有横线的地方：

（1）　你会中文。请你翻译这篇文章吧！

（2）那个大夫会治这种病，你请他看吧。

（3）<u>你去过人民大会堂，</u>你给我们介绍介绍吧。

（4）你看，<u>那是历史博物馆。</u>

（5）<u>你找哈利，</u>看，他在那儿打球呢。

（6）飞机落下来了。<u>第一个走下飞机的是张老师。</u>

5. 把下列句子改成用"多么…啊！"的句子：
（1）他说汉语说得非常流利。
（2）昨天在长城玩得非常好。
（3）上星期看的电影真有意思。
（4）我很想在北京多住些天。
（5）她穿的这件衣服非常好看。
（6）这几天天气好极了，不冷也不热。

6. 用语气助词"的"完成句子：
（1）大夫对他说："你不要急，你的病＿＿。"
（2）学习一种外语，虽然不是一件容易的事，但只要认真、努力，＿＿＿＿＿。
（3）这个故事不太难，你＿＿＿＿＿。
（4）大家都助你，这些困难＿＿＿＿。
（5）我们建设祖国的理想＿＿＿＿。

7. 阅读下面的短文并复述：

写日记有下边三个好处（hǎochù, benefit）：

（1）　能帮助自己进步。每天把工作和学习方面的好经验写下来，可以让自己更加努力学习，把工作作好。如果有的地方作得不对，也可以检查一下，立刻改过来。这样，自己就进步得更快了。

（2）　一天工作很多，工作很忙，要是有什么事情想不起来怎么办呢？那么就可以查一查日记。

（3）　写日记还有一个好处就是可以练习写文章。有人说写日记跟写文章一样，这话很对。日记写得多了，写文章的能力也就提高了。

第四十六课 Lesson 46

一、课文 Text

愚 公 移 山

中国古代有个寓言，叫"愚公移山"。说的是古时候有一位老人，住在华北，名叫愚公，他的家门前边有两座山，又高又大，挡住了他家的出路。有一天，愚公把家里人叫到一起，说："这两座山正对着咱们家门口，出来进去太不方便了。咱们把它搬走，好不好？"愚公的儿子、孙子们都很赞成，只有他的妻子没有信心。她说："你已经快九十岁了，连一块石头也搬不动，怎么能搬走这两座大山呢？山上那么多的石头，又搬到哪儿去呢？"大家说："可以把石头扔到海里去！"

第二天早上，愚公就带着一家人搬山去了。邻居们看到愚公这么大的年纪还要搬山，就都来帮助他们，连一个七、八岁的小孩子也来了。愚公见了非常高兴，说："好啊！这么多人一起干，一定能把这两座山搬走。"他们不怕辛苦，不怕困难，每天不停地挖山。

　　有个叫智叟的老头子，看见他们在挖山，觉得很可笑，就对愚公说："你这么大年纪，连山上的草都拔不动了，又怎么能搬走这两座大山呢？"愚公听了，笑着说："你还不如一个小孩子。我虽然快死了，但是我还有儿子，儿子死了还有孙子，孙子又有孙子，我们的人越来越多，山上的石头越搬越少，还怕不能把山挖平吗？"

　　智叟听了，一句话也说不出来。

　　愚公一家搬山的事感动了上帝，上帝就派了两个神仙把两座山背走了。

二、生词 New Words

1. 愚公　　　　〈专〉Yúgōng　　Foolish Old Man

2. 移	（动）	yí	remove, move
3. 古代	（名）	gǔdài	ancient times
4. 寓言	（名）	yùyán	fable
5. 华北	（专）	Huáběi	North China
6. 挡	（动）	dǎng	obstruct, block
7. 出路	（名）	chūlù	way out
8. 正	（副）	zhèng	right, exactly, just
9. 对（着）	（动）	duì (zhe)	face, confront
10. 咱们	（代）	zánmen	我们
11. 孙子	（名）	sūnzi	grandson
12. 赞成	（动）	zànchéng	approve, be in favour of
13. 妻子	（名）	qīzi	wife
14. 信心	（名）	xìnxīn	confidence
15. 连…也（都）…		lián … yě (dōu) …	even
16. 石头	（名）	shítou	stone
17. 动	（动）	dòng	move, get moving
18. 邻居	（名）	línjū	neighbour
19. 干	（动）	gàn	do, work, make
20. 挖	（动）	wā	dig
21. 智叟	（专）	Zhìsǒu	Wise Old Man
22. 老头子	（名）	lǎotóuzi	老人

13

23.	可笑	（形）	kěxiào	funny, ridiculous
24.	草	（名）	cǎo	grass
25.	拔	（动）	bá	pull, pluck
26.	不如	（动）	bùrú	not as good as, not up to
27.	死	（动）	sǐ	die
28.	平	（形）	píng	level, flat, even
29.	句	（量）	jù	"话"、"句子"的量词
30.	上帝	（专）	Shàngdì	God
31.	神仙	（名）	shénxian	immortal
32.	背	（动）	bēi	carry on the back

三、词语例解　Notes

1. 只有他的妻子没有信心

这里的"只有"是副词"只"加动词"有"。例如：
Here 只 is an adverb used before the verb 有, e.g.

只有他不去旅行，我们都去。

大家都同意这个办法，只有他不赞成。

"只有"有时是连词，表示唯一的条件。后边多用副词"才"呼应，有时也用"还"。例如：
The conjunction 只有 used together with the adverb 才, or sometimes with 还 after it, indicates the only condition, e.g.

你只有努力学习，才能学好。

只有你去请，他还可能来。

2. 连一块石头也搬不动

"动"作可能补语，表示人或事物有没有力量进行某种动作，并通过动作改变位置。例如：

动 used as a potential complement, indicates that the person or thing referred to by the subject has (or has not) enough strength to carry on an action, and changes (or does not change) his or its position as a result of the action, e.g.

路很远，你走得动吗？

这匹马太累了，跑不动了。

如果动词有宾语，"动"常表示有没有力量通过动作使宾语所指的人或事物改变位置。例如：

If the verb takes an object, 动 indicates that one has (or has not) enough strength to make the person or thing referred to by the object change his or its position through the action indicated, e.g.

我拿不动这些东西。

你们搬得动那个衣柜吗？

3. 又搬到哪儿去呢

副词"又"有时可以用来引进另一理由、原因或条件。例如：

The adverb 又 sometimes introduces another reason, cause or condition, e.g.

已经很晚了，雨又这么大，你明天再走吧。

他工作认真，又有经验，他一定会把任务完成得很好。

用在反问句中，有加强语气的作用。例如：

又 used in a rhetorical question, stresses the tone, e.g.

我又不懂英语，怎么能给代表团作翻译呢？

4. 愚公就带着一家人搬山去了

"就"在这里有"于是"的意思，用来表示一事是后一事产生的前提，后一事是前一事导致的结果。例如：

Here 就 means 于是. It indicates that what goes before it is a prerequisite and what comes after it is the result, e.g.

他看到我没有字典，就把他自己的借给我了。

欢迎的人们看见我们下了车，就跑过来和我们握手。

5. 愚公就带着一家人搬山去了

简单趋向补语"来"或"去"有时还可以表示主语所指的人"来""去"的目的。例如：

The simple directional complement 来 or 去 sometimes may indicate the purpose for which the person referred to by the subject comes or goes, e.g.

你的朋友看你来了。

你干什么去？

——我借书去。

6. 不如

"不如"用来表示比较。"A不如B"的意思是"A没有B好"。例如：

不如 is used to indicate comparison. A 不如 B means A 没有 B 好, e.g.

他们那里的学习条件不如我们这里。

也可以用形容词或动词结构指出在哪方面比较差。例如：

An adjective or a verbal construction also can be used in combination with 不如 to point out in what respect A cannot match B, e.g.

这个体育馆不如那个体育馆大。

这本小说不如那本写得好。

7. 你还不如一个小孩子

"还"有时表示程度更进一步。用在"A 不如 B"的句子中，意思是 B 已经不能令人满意，而 A 连 B 的水平都达不到，就更差了。例如：

Sometimes the adverb 还 means "even". "A 还不如 B" means that B is not quite satisfactory while A is not even up to B, e.g.

大家都说这张照片照得不好，可是我照的还不如这张。

这本词典里的词还没有那本里的词多。

四、近义词例解 Synonym Study

咱们　我们

"咱们"的意思就是"我们"，但包括听话人在内。"我们"可以包括听话人，也可以不包括。例如：

咱们 means 我们，but it includes both the speaker and the person or persons spoken to, while 我们 may or may not include the person or persons spoken to, e.g.

丁文，咱们／我们一起去吧！

这辆汽车是咱们
我们工厂新买的。

星期日我们去长城，你去吗？

明天下午我们开座谈会，欢迎你们参加。

五、练 习 Exercises

1. 用下列词组造 "动" 作可能补语的句子：

例： 提 箱子

这只箱子太重，我一个人提不动。

(1) 搬 石头

(2) 骑 自行车

(3) 拔 草

(4) 跑 腿

(5) 走 路

(6) 爬 山

(7) 背 粮食

2. 用反问句改写下列句子：

例：大家的信心这么大，一定能办好这件事。

大家的信心这么大，怎么能办不好这件事呢？

(1) 这本《古代寓言》很有意思，大家都想借来看看。

(2) 这个意见很好，大家一定会赞成。

（3）咱们大家一起挖，一定能把这儿挖平。

（4）你是他的邻居，一定知道这件事。

（5）这点儿困难挡不住我们。

（6）这个任务一个人完成不了。

3. 把下面的句子改成不用"不如"的比较句：

例： 北海公园不如颐和园大。

颐和园比北海公园大。

（1）你的录音机不如他的好。

（2）今天的天气不如昨天。

（3）我们这几天不如前几天紧张。

（4）这条路不如上次我们走的那条平。

（5）在这儿生活，北方人不如南方人习惯得
快。

4. 把下面的比较句改成用"不如"的句子：

例： 那边的草比这边的多。

这边的草不如那边的多。

（1）我弟弟的身体比我的身体好。

（2）他现在没有以前跑得快了。

（3）邻居家门前的树比他家门前的高。

（4）虽然那儿的生活条件没这儿好，但是我
们不怕。

（5）这些老人比你们这些青年人还喜欢运
动。

5. 用"我们"或"咱们"填空：

(1) 愚公的妻子说："只有_____家这几个
人，怎么能搬走这两座大山呢？"

(2) 看到邻居们也来帮助，愚公高兴地说：
"好啊！你们都来帮助_____，这两座
山一定能搬走。"

(3) 这件事只有你和我_____两个人知
道。

(4) 愚公笑着对智叟说："你说_____搬
不走这两座山，我看你连小孩子都不
如。"

(5) 这儿又有花儿又有草，好看极了，快过
来，_____在这儿照张相吧！

(6) 你们学校的学生还没有_____学校的
学生多。

6. 阅读下面短文，然后复述：

认　字

　　父亲教儿子认字（认识汉字），先在纸上
写个"一"字教给他，儿子马上就会了。父亲
很高兴。

　　第二天吃完早饭，父亲又用手指在桌子上
写了一个"一"字。让儿子认，儿子却不认识

了。父亲说："这不是昨天教的'一'字吗？怎么不认识了？"

儿子回答说："只过了一个晚上，我哪儿知道它会长这么大呢？"

（复述时要求用上"不是……吗"、"哪儿……呢"）

不 满 意 (mǎnyì, satisfactory)

有个人在路上遇到了一个神仙，这个神仙以前是他的老朋友。他告诉神仙，现在他的情况越来越不如以前，生活很困难。神仙一听，就把路旁边的一块小石头用手一指，变（biàn, change）成了金子（jīnzi, gold），给了他。这个人得了金子，还不满意。神仙又用手一指，把一块大石头变成了金子，又给了他。这个人还是不满意。神仙问他："怎么样你才满意呢？"

这个人回答说："我想……我想要你的手指（shǒuzhǐ, finger）。"

（复述时要求用上"不如""一……就……""怎么样……呢"）

第四十七课 Lesson 47

一、课　文 Text

成　语　故　事

（一）画　蛇　添　足

从前有几个人得到一壶酒。这壶酒只够一个人喝，到底给谁喝呢？半天决定不了。有一个人提议说："我们每个人都在地上画一条蛇，谁先画完，这壶酒就给谁喝。"

大家都同意这个办法，于是几个人都拿起树枝，在地上画起来。

有一个人很快就把蛇画好了。他看看别人，还都没画完，就左手拿起酒壶，右手拿着树枝，得意地说："你们画得多慢哪！你们看，我还能给蛇添上几只脚。"

当他正在给蛇画脚的时候，另一个人把蛇画完了，就把酒壶抢过去，说："蛇是没有脚的，你添上脚，就不是蛇了。所以，第一个画完蛇的是我，不是你！"

（二）拔苗助长

有个性急的人，种了几亩田。他希望田里的苗快一点儿长，可是苗长得不象他想的那么快。

有一天，他忽然想出个"好"办法，就急急忙忙跑到田里，把每棵苗都往上拔了一截儿。他回过头来一看，田里的苗比原来高了不少，心里十分高兴。回到家里，他对家里人说："我辛辛苦苦干了一天，真累呀！不过，一天的工夫，地

里的苗都长高了好多。"

　　他的儿子听了，感到很奇怪，连忙跑到田里去看，哪知道田里的苗都死了。

二、生词　New Words

1. 画　　　（动）huà　　　　paint, draw
2. 蛇　　　（名）shé　　　　snake
3. 添　　　（动）tiān　　　add, append

4. 足	（名）	zú	脚
5. 得到	（动）	dédào	get
6. 壶	（名）	hú	pot
7. 酒	（名）	jiǔ	wine
8. 够	（动、形）	gòu	suffice; enough
9. 到底	（副）	dàodǐ	after all, at last
10. 半天	（名）	bàntiān	a long time, half a day
11. 提议	（动）	tíyì	propose; suggest
12. 同意	（动）	tóngyì	agree
13. 于是	（连）	yúshì	hence, thereupon; as a result
14. 树枝	（名）	shùzhī	twig, tree branch
15. 酒壶	（名）	jiǔhú	喝酒用的壶
16. 得意	（形）	déyì	elated, exalting, pleased
17. 哪	（助）	na	*a modal particle*
18. 脚	（名）	jiǎo	foot
19. 另	（形、副）	lìng	another, other
20. 抢	（动）	qiǎng	grab, seize by force
21. 所以	（连）	suǒyǐ	so
22. 苗	（名）	miáo	seedling, sprout
23. 性急	（形）	xìngjí	impatient, short-tempered

24. 种	（动）	zhòng	grow, plant
25. 田	（名）	tián	field
26. 象	（动）	xiàng	resemble, be like
27. 急忙	（形）	jímáng	很着急、很快的
28. 棵	（量）	kē	"树"、"苗"的量词
29. 截	（量）	jiér	*a measure word for section, length*
30. 回头		huí tóu	turn one's head
31. 原来	（形、副）	yuánlái	original; originally
32. 呀	（助）	ya	*a modal particle*
33. 不过	（连）	búguò	but, however
34. 工夫	（名）	gōngfu	时间
35. 好（多）	（副）	hǎo (duō)	很（多）
36. 感到	（动）	gǎndào	feel
37. 奇怪	（形）	qíguài	strange
38. 连忙	（副）	liánmáng	promptly, immediately

三、词语例解　Notes

1. 这壶酒只够一个人喝

"够"表示数量可以满足需要。可以单独作谓语。例如：

够 means sufficient in quantity, functioning as the predicate by itself, e.g.

26

你带的钱够吗？我这儿还有。

时间不够了，咱们赶快走吧。

"够"也可以带上动词、动词结构、主谓结构等充任的宾语，具体指出满足需要的方面。例如：

够 also can take an object which might be a verb, verbal construction or subject-predicate construction to point out what is to be satisfied, e.g.

我常常觉得时间不够用。

药只够吃一次了，下午你应该去医院看病。

这些书够你看一个星期吗？

有时"够"还表示达到一定标准或程度。例如：

Sometimes 够 indicates sth. comes up to a certain standard or reaches a certain degree, e.g.

我现在还不够工程师的水平。

那条路够不够宽？汽车开得过去吗？

2. 到底给谁喝呢

"到底"作状语，有两个意思：用在问句中表示深究，用在陈述句中是"终于"的意思。例如：

到底 used as an adverbial adjunct, carries two meanings: one is to ask for a definite final answer when used in an interrogative question, the other is to mean 终于 when used in a declarative sentence, e.g.

你到底去不去旅行？

昨天那场球赛，到底谁赢了？

——我们赢了。

虽然用了不少时间查字典，我到底把那本成语故事看完了。

3. 半天决定不了

"了"作可能补语，可以表示"能"。例如：

了 is used as a potential complement to denote 能, e.g.

明天早上六点钟，你来得了来不了？

他能力很强，这些事情他怎么会办不了呢？

也可以表示"完"。例如：

了 also denotes 完, e.g.

这几瓶汽水，她一个人喝不了。

我一个暑假看不了这么多书。

4. 谁先画完，这壶酒就给谁喝

疑问代词的另一种活用法就是表示特指。前后用两个相同的疑问代词，指同一个人或事物。例如：

One of the usages of interrogative pronouns is to denote particularity. In a sentence, the two same interrogative pronouns refer to the same person or same thing, e.g.

谁想好了，谁回答我的问题。

他什么时候来，我们就什么时候讨论。

有时不用第二个疑问代词，而用人称代词或指示代词。例如：

Sometimes the second interrogative pronoun is replaced by a personal pronoun or demonstrative pronoun, e.g.

谁的意见正确，大家就同意他的意见。

哪儿的困难最多，就应该到那儿去。

5．在地上画起来

"起来"的一种引申意义，是用在动词或形容词后，表示动作或情况开始并且继续。例如：

This is an extended usage of 起来 used after a verb or an adjective to show the beginning and continuation of an action, e.g.

听了他的话，大家都笑起来了。

天气慢慢地暖和起来了。

如果动词带宾语，宾语要放在"起来"的中间。例如：

If the verb takes an object, the object should be put between 起 and 来, e.g.

代表团走进礼堂来了，大家立刻鼓起掌来。

听到这个好消息，他们都高兴得跳起舞来了。

6．你们画得多慢哪

"哪"是"啊"的音变。"啊"常受前一字韵母或韵尾的影响发生不同的音变。如：前一字的韵母或韵尾是 a, o, e, ê, i, u 时，读ya（呀），前一字的韵母或韵尾是 u 或 ao, ou时，读wa（哇），前一字的韵尾是-n 时读 na（哪），前一字的韵尾是-ng时读 nga。书写时都可以写成"啊"。例如：

哪 is a variety of 啊. 啊 is often pronounced in a different way owing to the influence of the final or final ending preceding it. For example, if the final in the preceding character is "a, o, e, ê" or "u", 啊 is pronounced as "ya"（呀）. It is pronounced as "wa"（哇）when preceded by "u, ao" or "ou", when following "-n" or "-ng", it is pronounced as "na"（哪）

and "nga" respectively. 啊 can be used for all other varieties in writing.

你一定要注意身体呀！

运动场上真热闹哇！

下过雪以后，颐和园里多好看哪！

7. 蛇是没有脚的

有些动词谓语句和形容词谓语句的谓语是"是…的"格式，这种谓语对主语来说有解释、说明的作用，"是"和"的"只表示一种语气，根据不同的语言环境，它们可以表示肯定或强调，也可以表示委婉或缓和。"是"和"的"都可以省略，省略后意思不变。例如：

In some sentences with a verb or an adjective predicate, the predicate is the construction 是…的 which explains the subject. 是 and 的 here only express an affirmative or intensive tone, and sometimes they make the sentence moderate. Without 是 and 的 the meaning remains the same, e.g.

他们提的问题是一定能解决的。

这篇文章不很深，你是可以看懂的。

我翻译这本小说是十分困难的。

这类句子的否定形式是把"是…的"中间的成分改成否定式。例如：

The negative form of such a sentence is made by putting the negative word before the verb in a 是…的 construction, e.g.

我是不赞成那种意见的。

没有人骑，自行车是不会走的。

8. 可是苗长得不象他想的那么快

动词"象"可以单独作谓语，也可以用于"象…一样""象…那么（这么）…"格式里。例如：

The verb 象 can function as a predicate by itself, and it also can be used in the construction of 象…一样 or 象…那么（这么）as well, e.g.

他长得很象他父亲。

我喜欢象海水一样的蓝颜色。

弟弟长得象他哥哥那么高了。

9. 哪知道田里的苗都死了

"哪知道"意思是没有想到。有时也说成"谁知道"。例如：

哪知道 means "beyond one's expectation". Sometimes 谁知道 is used instead.

我想他可能还没起床，哪知道他已经起床半个多小时了。

已经下了两天雨了，我想今天大概要晴了，哪知道从早上到晚上又下了一天。

四、近义词例解　Synonym Study

工夫　时间

"工夫"和"时间"都可以表示有起点和终点的一段时间。例如：

Both 工夫 and 时间 indicate a period of time, e.g.

他们三个人两天的 工夫／时间 就把房子盖好了。

以后有 工夫／时间 到我家来玩儿吧。

"工夫"和"时间"不同的地方：

Differences between 工夫 and 时间：

A． 在问时间长短的时候，如果时间在几个小时以内，用"时间"提问要说"多长时间"或"多少时间"，用"工夫"提问要说"多大工夫"。例如：

If we ask a question concerning a period of time within a few hours, 多长 or 多少 are used with 时间, but 多大 is used with 工夫, e.g.

考试的时候，你用了多少时间回答问题？

他睡了多长时间了？

——他睡的时间不长，大概半个多小时。

你等了他多大工夫？

——我等的工夫不大，只等了一会儿。

B． "时间"可以表示时段，也可以表示具体时点。"工夫"只能表示时段。例如：

时间 can indicate either a period of time or a point in time, but 工夫 can only indicate a period of time, e.g.

现在的时间是两点半。

C． "时间"还可以表示天色的早晚，"工夫"没有这种意思。例如：

时间 also means "time of the day", but 工夫 does not carry such meaning, e.g.

时间不早了，我们赶快出发吧。

D． "工夫"可以指某事发生的时候，"时间"没有这种用法。例如：

工夫 can indicate the time when sth. takes place, but 时间 cannot be used this way, e.g.

我吃饭的工夫，他已经把要用的东西准备好了。

五、练 习 Exercises

1. 用带"够"的句子回答下列问题：

(1) 这些面包我们两个人吃怎么样？

(2) 前边的路马车过得去吗？

(3) 这块地种十棵树种得下吗？

(4) 你有没有时间？能不能帮我改一改这些句子？

(5) 你买的这些本子，能用多长时间？

(6) 这块布能作什么呢？

2. 用"到底"完成句子：

(1) 这个成语故事＿＿＿＿，要不要再听一遍？

(2) 他的提议＿＿＿＿，快说说你的意见。

(3) 这张画儿＿＿＿＿，我们看了半天也没看出来。

(4) 愚公想把家门口的两座山搬走，可是＿＿＿？他的妻子信心不大。

(5) 我很想看的那本书＿＿＿＿。

（6）昨天那场球赛，开始我们输了一个球，
　　后来＿＿＿＿＿＿。

3. 用表示特指的疑问代词改写句子：
　例：我们到最漂亮的公园去玩儿。
　　　哪个公园最漂亮，我们就到哪个公园去玩
　　　儿。
　（1）你在你能来的时候来吧。
　（2）我请画得好的人画这张画儿。
　（3）苗长得好的田里，以后收的粮食一定
　　　多。
　（4）你们把问题都提出来吧。
　（5）他准备到工作最困难的地方去。
　（6）你想借两本、三本、四本书都可以。

4. 用括号里的词语改写句子：
　（1）这个提议很好，大家一定会赞成。
　　　　　　　　　　　　　　　　（是……的）
　（2）如果你有困难，你告诉大家，大家会帮
　　　助你。　　　　　　　　　　（是……的）
　（3）他非常喜欢你送给他的那件礼物。
　　　　　　　　　　　　　　　　（是……的）
　（4）那个性急的人，希望苗长得快一些，
　　　把苗拔高了一点儿，没想到，第二天苗都

死了。　　　　　　　　　　（哪知道…）

（5）这壶酒哪儿够四个人喝啊！（怎么也…）

（6）第一个画完蛇的人想，这壶酒一定是他
　　　的了。他正在给蛇添脚的时候，第二个人
　　　把酒壶抢了过去。　　　　（哪知道…）

5. 用"起来"或"出来"填空：

（1）一个人提议，大家都在地上画一条蛇，
　　　谁先把蛇画＿＿＿＿，谁就喝那壶酒。说
　　　完大家就拿起树枝，在地上画＿＿＿蛇
　　　＿＿＿。

（2）第一个画完蛇的人，正在给蛇添脚的时
　　　候，第二个人喊＿＿＿："我也把蛇画
　　　＿了。蛇是没有脚的，你画的不是蛇，第
　　　一个画完蛇的是我，不是你。"

（3）那个性急的人，希望苗长得快一些。一
　　　天，他想＿＿＿一个办法，就急急忙忙
　　　跑到地里，用手把苗都拔高了一些。

（4）他讲故事讲得多有意思啊，讲得大家都
　　　笑＿＿＿了。

（5）愚公一家决定搬山。第二天他们就一起
　　　干＿＿＿。有个叫智叟的，听说愚公一
　　　家搬山，就跑来对愚公说："你们想搬
　　　山，真是太可笑了。"

6.　阅读下面短文：

　　汉语的成语非常多。汉语里到底有多少成语，很多人都说不清楚，比较常用的成语词典里就有三千多条。

　　说话或者写文章的时候，用一些成语，意思会更清楚，人们也都喜欢听，喜欢看。有些成语，是从一些历史故事、寓言故事来的，还有一些是人们按照语言习惯组成的。成语的字数不都是一样的，但是四个字的最多。

　　我们学过的"画蛇添足""拔苗助长"两条成语，是从两个小故事来的。"刻舟求剑""南辕北辙"，也是从历史故事来的。象这样的成语故事，还有很多。从图书馆或者书店，就能借到或者买到成语故事书。

　　还有一些成语，象"人山人海"，是按照词的意思组成的。这条成语的意思是说，在一起的人非常非常多。例如："国庆节那天，公园里人山人海，大家都高高兴兴地庆祝节日。"

　　现在我们学的课文还不多，掌握的生词也比较少。以后我们学多了，掌握的词多了，将会遇到更多的成语。把学过的成语，遇到的成语，记在本子上，有工夫的时候，拿出来看一看，读一读，是很有意思的。

第四十八课 Lesson 48

一、课文 Text

标 点 符 号

人们的社会生活离不开语言。语言是人们交际的工具，它可以帮助人们互相交换信息，交流思想。没有语言，社会的一切活动就不能进行。

文字是记录语言的符号。语言是说给人听的，文字是写给人看的。说话的时候，有各种语气，说到一定的地方，还要停一停。写成文字的时候，怎样表示不同的语气和停顿呢？这就要靠标点符号。

如果不用或者用错了标点符号，句子的意思就不清楚，有时候还会弄错。有个小故事，就是说明标点符号的重要作用的。

有个人，到朋友家作客。快到吃饭的时候，忽然下起雨来。他看了看外边，拿起笔来在纸上写了五个字："下雨天留客"。他的意思是：本来我不想在这儿吃饭，可是下雨了，这是天有意把客人留下来。主人看了，想跟客人开个玩笑，就接下去也写了五个字："天留人不留"。意思是：虽然天下雨，要留客人，可是我这个主人不想留。由于他们都没有用标点符号，这两句话连在一起了。客人想了想，给这十个字加了两个逗号，一个问号，一个感叹号，句子就变成了这样："下雨天，留客天，留人不？留！"看完，主人和客人都哈哈大笑起来。

常用的标点符号，除了逗号（，）、句号（。）、问号（？）、感叹号（！）以外，还有顿号（、）、冒号（：）、引号（" "）、省略号（……）等。

正确地使用标点符号，可以把一句话的意思表达得更清楚，更明确。

二、生词　New Words

1. 标点　　（名）　biāodiǎn　　punctuation
2. 符号　　（名）　fúhào　　mark, symbol
3. 社会　　（名）　shèhuì　　society
4. 离开　　　　　　lí kāi　　leave, depart from
5. 语言　　（名）　yǔyán　　language
6. 交际　　（动）　jiāojì　　communicate
7. 交换　　（动）　jiāohuàn　　exchange

8. 思想	（名）	sīxiǎng	thought, thinking, idea
9. 一切	（代）	yíqiè	所有的
10. 文字	（名）	wénzì	written language, character
11. 记录	（动）	jìlù	record
12. 语气	（名）	yǔqì	tone, manner of speaking
13. 停顿	（动）	tíngdùn	pause
14. 靠	（动）	kào	rely on, depend on
15. 弄	（动）	nòng	make, do
16. 说明	（动）	shuōmíng	explain, show, illustrate
17. 重要	（形）	zhòngyào	important
18. 作用	（名）	zuòyòng	function
19. 作客		zuò kè	be a guest
20. 笔	（名）	bǐ	pen
21. 留	（动）	liú	keep, remain
22. 本来	（形、副）	běnlái	original; as a matter of fact
23. 有意	（动）	yǒuyì	have a mind to
24. 主人	（名）	zhǔrén	host (hostess)
25. 开玩笑		kāi wánxiào	make a joke
26. 由于	（连）	yóuyú	owing to, due to

27. 连	（动）	lián	link, join
28. 加	（动）	jiā	add
29. 逗号	（名）	dòuhào	comma
30. 问号	（名）	wènhào	question mark
31. 感叹号	（名）	gǎntànhào	exclamatory mark
32. 变（成）	（动）	biàn (chéng)	change
33. 哈哈	（象声）	hāhā	*onomatopoeia*
34. 句号	（名）	jùhào	full stop
35. 顿号	（名）	dùnhào	pause mark
36. 冒号	（名）	màohào	colon
37. 引号	（名）	yǐnhào	quotation mark
38. 省略号	（名）	shěnglüèhào	suspension points
39. 等	（代）	děng	etc.
40. 使用	（动）	shǐyòng	用
41. 表达	（动）	biǎodá	express
42. 明确	（形、动）	míngquè	clear; make clear

三、词语例解　Notes

1. 没有语言，社会的一切活动就不能进行

在一个句子中，前后用两个否定词，是强调肯定的一种方法。例如：

In a sentence, two negative words used together emphasize affirmation, e.g.

我们这儿没有人不认识他。

她从来没有不高兴的时候。

这个会很重要，我不能不参加。

在复句中，否定词分别放在两个分句里，后一分句常有副词"就"。例如：

In a complex sentence, the two negative words are put in two clauses respectively, and usually 就 is used in the latter clause, e.g.

没有你的帮助，我就不会进步这么快。

不发展生产，就不能提高生活水平。

2. 一切

"一切"是代词，代替事物的全部，经常和"都"呼应。可作主语、宾语、定语。例如：

The pronoun 一切 represents the total things concerned. It can be used as a subject, an object or an attributive, and it is often used in conjunction with 都, e.g.

这屋子里的一切都是新的。

我不会忘掉这一切的。

一切问题我们都解决了。

3. 一定

"一定"是副词，也是形容词。形容词"一定"有特定的、相当的、规定的等意思。例如：

一定 is both adverb and adjective. The adjective 一定 means "definite", "certain" and "fixed" etc., e.g.

我的表坏了，每天走到一定的地方就停。

（特定的）

经过几个月的学习，她的汉语水平有了一定的提高。（相当的）

医院里看病人的时间是一定的，不是什么时候都能去。（规定的）

4. 靠

"靠"是动词，有"挨近"、"依靠"的意思。可作谓语主要成分，也常带上宾语作另一动词的状语。例如：

The verb 靠 means "be near", "rely on". It can be used as the main element of a predicate, and it also can be used together with its object as the adverbial adjunct of another verb, e.g.

这个村子左边靠山，右边靠水，真是个好地方啊！

他靠着窗户站着。

请靠右边走。

这个工作要靠大家努力才能作好。

5. 作用

"作用"是动词，也是名词。作名词时，常与动词"起""有""发生"等搭配。例如：

作用 is both verb and noun. 作用 as a noun is often used in conjunction with the verbs 起, 有, 发生 etc., e.g.

在完成这个任务中，他们起了重要作用。

交流经验对提高生产有很大的作用。

这孩子学习努力了，我想你的话发生(fāshēng, to happen) 了作用。

6．本来

形容词"本来"只能作定语，不能作谓语。意思是原有的。例如：

The adjective 本来 means "original". It only can be used as an attributive, not as a predicate, e.g.

这件衣服本来的颜色是蓝的，穿的时间长了，现在已经有点儿白了。

副词"本来"有原先、先前的意思，作状语可以放在主语前，也可以放在主语后。例如：

The adverb 本来 means "originally". It can be used as an adverbial adjunct put either before or after the subject, e.g.

本来我不想去广州旅行，他们都去，我也决定去了。

他本来身体不好，经过一年多的锻炼，现在好多了。

7．由于

"由于"是介词，表示原因，多用于书面语。"由于…"多放在主语之前。例如：

The preposition 由于 means "owing to" which is mostly used before the subject in written language, e.g.

由于他自己的努力，不到一个月的时间，他就掌握了这种技术。

由于天气不好，飞机今天停飞。

四、近义词例解 Synonym Study

1．表达 表示

"表达"是动词，意思是把自己的思想感情用语言或文字说出或写出。例如：

The verb 表达 means that one expresses his or her ideas or feelings in spoken or written language, e.g.

经过两年的学习，我已经能用汉语表达思想了。

我对他们的感情（gǎnqíng， feelings），是没办法用语言来表达的。

"表示"也是动词，意思是把自己的感情、态度、或意见告诉别人，可以用语言或文字，也可以用行动或态度，使别人了解。例如：

The verb 表示 means that one tells others his or her feelings, attitude or ideas either in words or in actions, e.g.

你们赞成还是不赞成，希望大家表示意见。

对你们的关心和帮助，他表示非常感谢。

A．同样的句子，可以用"表达"，也可以用"表示"。例如：

Sometimes either 表达 or 表示 can be used in the same sentence, e.g.

他在会上讲了话，表达 表示 了自己的决心。

B．不同的地方： Differences between 表示 and 表达

"表示"的宾语是动词时，这一动词的宾语可以和介词"对"或"向"组成介词结构放在"表示"之前作状语。"表达"不能这样用。例如：

When 表示 takes a verb as its object, the verb can be used together with the preposition 对 or 向 as an adverbial adjunct before 表示, but 表达 can never be used this way, e.g.

对代表团表示热烈欢迎。

团长对他们表示非常关心。

"表示"还可以是名词，"表达"没有这种用法。例如：
表示 is also a noun, but 表达 is not, e.g.

他心里不太高兴，可是脸上没有不高兴的表示。

"表示"还可以指事物或现象本身显示出某种意义，"表达"不能这样用。例如：
表示 also means "to show", "to display" or "to demonstrate", but 表达 does not, e.g.

中国人的习惯是：摇头表示不同意，点头表示同意。

"了"有时候表示完成，有时候表示变化。

2. 因为　由于

"因为"和"由于"意思差不多，都表示原因和理由。例如：
Both 因为 and 由于 denote cause or reason, e.g.

他 因为
由于 身体不好，没有参加这次运动会。

"因为"是连词，多用在第一分句中，有时也可用在第二分句句首。例如：
But 因为 is a conjunction, which is mostly used in the first clause, sometimes at the beginning of the second clause, e.g.

这个演员因为表演得非常好，所以很受大家欢迎。

他没来，因为他病了。

"由于"是介词，它的宾语多是词或词组。例如：

由于 is a preposition, whose object is mostly a word or a phrase, e.g.

由于大家的努力，只用了三天的工夫，就把任务完成了。

口语里多用"因为"，较少用"由于"。

In spoken language, 因为 is used more often than 由于.

五、练习 Exercises

1. 用两次否定的方式改写下列句子：

例：有了语言人们才能交流思想，互相了解。

没有语言人们就不能交流思想，互相了解。

(1) 用了标点符号，句子的意思才清楚。

(2) 这个工厂的工人都会使用这种机器。

(3) 只要努力，这些困难都能克服。

(4) 要想用文字表达不同的语气，就一定要用标点符号。

(5) 要作好这个工作，就必须多了解情况。

(6) 说汉语的时候一定要发音正确，别人才能听得懂。

2. 用"一切"改写句子：

例：不论作什么工作，都应该认真。

作一切工作都应该认真。

（1）作什么工作，都要先了解情况。

（2）他刚到这儿，觉得什么东西都有意思。

（3）他搬到这儿来以后，屋子里一点儿也没有变化，还跟从前一样。

（4）今天下午的各种活动，我们要按主人的意思作。

（5）所有的问题我们都解决了。

3. 用"进行"和下列词组造句：

例：了解　　　这件事

情况到底怎么样，我们还要对这件事再进行一次了解。

（1）讨论　这些问题

（2）考试　希望来这儿工作的人

（3）检查　准备工作

（4）分析　学过的句子

（5）说明　这个情况

4. 完成句子：

（1）每一种标点符号_____。（一定）

（2）这架新的录音机怎么使用，_____。（说明）

（3）标点符号_____。（作用）

（4）他学汉语虽然时间不长，_____。（一定）

（5）他身体这么好，＿＿＿＿＿＿。（说明）

（6）掌握一种外语＿＿＿＿＿＿。（作用）

5. 选择"表示"或者"表达"填空：

（1）厂长说："大家到我们工厂来参观，我们
＿＿＿＿＿＿非常欢迎。"

（2）他汉语学得很好，已经能用汉语＿＿＿＿＿＿
思想了。

（3）我对朋友们的感激（gǎnjī, be grateful）是没办
法用语言来＿＿＿＿＿＿的。

（4）对大家的关心和帮助，他＿＿＿＿＿＿非常感
谢。

（5）我们都＿＿＿＿＿＿同意他的提议。

（6）标点符号可以帮助把一句话的意思＿＿＿＿＿＿
得更清楚。

6. 给下面的短文加上标点符号：

这是办公室不是食堂

有个小学食堂还没有盖好老师们都在办公
室里吃午饭每天下了最后一节课大家坐在一起
一边吃饭一边说说笑笑都觉得很有意思他们常
常在王老师的桌子上吃饭有时候把桌子弄得很
脏擦得又不太干净王老师看了就有一点儿不高
兴一天他在纸上写了一句话放在桌子上这句话
是这是办公室不是食堂他的意思很清楚这是办

公室不是食堂大家吃饭应该注意不要把别人的桌子弄脏但是他写的这句话没有标点符号第二天早上有一位老师想跟王老师开个玩笑就拿起笔来在上面添了一个问号一个感叹号一个句号这样这句话就成了这是办公室不是食堂别的老师看见了都哈哈大笑起来

第四十九课 Lesson 49

一、课文 Text

从实际出发

窗户外边有一棵苹果树,打开窗户就能看见。如果窗户外边根本没有苹果树,打开窗户能看见苹果树吗？当然不能。一定要存在着苹果树,我们才看得见。

窗户外边本来是有苹果树的, 关上窗户,看不见了。能说窗户外边没有苹果树吗？当然不能。不论你看见没看见, 苹果树还是在窗户外边。

窗户外边有没有苹果树,要根据实际情况判断,不能根据自己看见没看见判断。

这个道理很明白。可是有的人做事情,常常不从实际出发, 不调查研究,只凭自己的主观愿望和想法。结果由于自己的想法跟实际情况不符合, 事情不但做不好,有时反而会搞坏。

有这样一个故事：从前有个人丢了一把斧

子,他怀疑斧子是他邻居的儿子偷走了。于是他就注意邻居儿子的行动，觉得他走路的样子，说话的声音，一举一动,都象一个偷斧子的。过了几天,他的斧子找到了。原来他上山砍柴的时候把斧子丢在山上了。后来再看那个邻居的儿子,又觉得他走路的样子，说话的声音,都不象一个偷东西的人了。

那个丢斧子的人，没有经过调查研究,就以为斧子是他的邻居偷的，这当然是错误的。后来，他的斧子找着了，在事实面前,他的错误才得到纠正。

不论做什么事,都要从实际出发。只凭主观愿望,不调查研究实际情况，往往会犯错误。

二、生词 New Words

1．实际　（名、形）　shíjì　　　　reality; realistic
2．根本　（名、形）　gēnběn　　　foundation; basic

3. 存在	（动）	cúnzài	exist
4. 不论	（连）	búlùn	no matter
5. 根据	（动、名）	gēnjù	base on; basis
6. 判断	（动）	pànduàn	judge, assess
7. 道理	（名）	dàolǐ	reason
8. 明白	（形、动）	míngbai	clear; understand
9. 做	（动）	zuò	do
10. 调查	（动）	diàochá	investigate
11. 凭	（动、介）	píng	rely on; base on
12. 主观	（名、形）	zhǔguān	subjectivity; subjective
13. 愿望	（名）	yuànwàng	desire
14. 想法	（名）	xiǎngfǎ	idea, thinking
15. 符合	（动）	fúhé	confirm, be in keeping with
16. 不但	（连）	búdàn	not only
17. 有时		yǒushí	sometimes
18. 反而	（副）	fǎn'ér	but, on the contrary
19. 搞	（动）	gǎo	do, make, get
20. 斧子	（名）	fǔzi	ax
21. 怀疑	（动）	huáiyí	doubt, suspect
22. 偷	（动）	tōu	steal
23. 行动	（名、动）	xíngdòng	action; act

24.	样子	（名）	yàngzi	shape, manner
25.	一举一动		yìjǔyídòng	(of a person's) one and every move
26.	砍	（动）	kǎn	chop
27.	柴	（名）	chái	firewood
28.	以为	（动）	yǐwéi	think, consider
29.	错误	（名）	cuòwu	mistake
30.	事实	（名）	shìshí	fact
31.	面前	（名）	miànqián	front, before
32.	纠正	（动）	jiūzhèng	correct
33.	往往	（副）	wǎngwǎng	often, usually
34.	犯	（动）	fàn	commit, make (a mistake)

三、词语例解 Notes

1. 根本

名词"根本"的意思是指事物的根源或最重要的部分。例如：

The noun 根本 indicates the source or origin of a thing or its most important part, e.g.

水、土（tǔ, soil）是农业的根本。

形容词"根本"可以作定语。例如：

The adjective 根本 can be used as an attributive, e.g.

这几年，人民的生活有了根本的变化。

认真调查研究是解决这个问题的最根本的方法。

"根本"最常见的是作状语，有三个意思：

A．是从头到尾、全然的意思，多用于否定式。例如：

根本 is mostly used as an adverbial adjunct which has three meanings:

From beginning to end or entirely, mostly used in negative form, e.g.

我根本就不赞成他们那个办法。

他根本没想到会出现这样的结果。

B．是从来、本来的意思。例如：

Always or originally, e.g.

我根本没听说过这个寓言故事。

我根本没看过那个话剧，怎么能给你介绍呢？

C．是彻底、完全的意思。例如：

Thoroughly or completely, e.g.

问题已经根本解决了。

2．不论

"不论"后边一般有并列词语或任指的疑问代词表示条件，意思是在哪种条件下，结果或结论都不会改变。后边要有"都"或"也"与它呼应。例如：

不论 is usually followed by parallel words or an interrogative pronoun to indicate a condition, implying that something remains the same under any circumstances. It is used in conjunction with 都 or 也, e.g.

不论刮风还是下雨，他都来我家帮助我。

不论作什么工作，他都非常认真。

明天不论天气好不好，我也要去看他。

"无论"和"不论"意思一样。

无论 is the same as 不论.

3. 反而

"反而"表示在某种条件下应产生某种结果，而实际的结果正相反。"反而"不能用在主语前，只能用在谓语中要修饰的成分之前。例如：

反而 is used to indicate that something has happened that is contrary to or opposite of the result one expected. It cannot be put before the subject, but can only be put before what should be modified in the predicate, e.g.

春天到了，反而下起雪来了。

他住得最远，可是他反而先到了。

有时前一分句用"不但不（没有）…"，后一分句用"反而"，表示相反的结果更进一层。例如：

Sometimes the construction 不但不（没有）… is used in the first clause of a complex sentence and 反而 is used in the second clause to emphasize the contrary result, e.g.

冬天游泳，不但不会生病，反而会更健康。

雨不但没停，反而越下越大了。

4. 搞

"搞"主要有"干""做""办""研究"等意思，它的具体意义决定于上下文。例如：

The verb 搞 can mean 做, 干, 研究, 办 etc. and its meaning is decided by the context, e.g.

他们办了一个工厂，搞得很不错。

工人们说："我们一定要把生产搞上去。"

你先把句子的意思搞清楚，然后再翻译。

"搞"有时有设法获得的意思。例如：

Sometimes 搞 means "try to get", e.g.

我搞到了两张足球票。

你能不能搞一点儿热水来？

5. ……一举一动，都象一个偷斧子的

"的"前加动宾短语，常常指从事某一活动，某一工作的人。例如：

A verb-object phrase plus 的 usually refers to the person who is engaged in doing some job, e.g.

我父亲和我母亲都是教书的。

我天天坐这辆车去学校，所以开车的和卖票的都认识我了。

要注意的是，这是一种不客气的说法，所以在直接称呼别人时一般不用。

What should be borne in mind is that this is a casual form of speech and often sounds a bit impolite, so it is not usually used to address people, e.g.

6. 又觉得他……不象一个偷东西的人了

"又"在这里表示转折的语气，有时前边还可以用上"可是""但是""却"等。例如：

又 here expresses a tone shifting in meaning. Sometimes it is used in conjunction with 可是,但是 etc.placed before it, e.g.

他心里有很多话，可是又说不出来。

你以前很喜欢照相，怎么现在又不喜欢了？

7．以为

"以为"表示对人或事物作出某种推断，宾语一般是动词词组、形容词词组或主谓词组等。例如：

以为 indicates the judgement which one forms of a person or a thing. Its object is usually a verbal phrase, an adjective phrase or a subject-object phrase etc., e.g.

我以为他的意见是正确的。

要学好一种外语，我以为一定要多练。

"以为"还常表示事后发现原来的推断与事实不符。例如：

以为 also indicates that one has found that the original judgement has later proven to be incorrect, e.g.

我以为你去看电影了，原来你没去。

大家都以为他会来得比较晚，哪知道他来得最早。

四、近义词例解 Synonym Study

1．根据　按照

"根据"是动词，也是名词。例如：

根据 is a verb, and a noun as well, e.g.

你作出这个判断是根据什么？

他说的话是有科学根据的。

"按照"是介词，"按照"没有上述两种用法。

按照 is a preposition which does not have the two abovementioned usages.

"根据"和"按照"都可以带上宾语作状语，有时这两个词意思差不多。例如：

Both 根据 and 按照 can take objects and serve as an adverbial adjuncts. Sometimes they share a similar meaning, e.g.

这篇文章，我已经 根据 / 按照 你的意见改过了。

但是二者的侧重点是不同的："根据"侧重以某种事物为基础，"按照"则偏重于遵从某事物照着进行，二者一般是不能互换的。例如：

But they both lay emphasis on different aspects: 根据 indicates that one takes something as a basis of his action; 按照 indicates that one does something according to what he is told or instructed. Usually they cannot be replaced by each other, e.g.

根据调查研究的结果，我们决定开一个座谈会，请各方面的代表参加。

这个电影是根据同名小说改写的。

这件事要按照合同（hétong, contract）里写的那样办。

2. 凭 靠

"凭"和"靠"比较，有下列几点：

The following are the differences between 靠 and 凭：

A. "靠"有倚着的意思。例如：

靠 means "lean against" or "lean on", e.g.

他把剑靠在桌子旁边了。

他靠着那棵苹果树站着。

"凭"也有这个意思，但只限于书面语。如："凭窗远望"。

凭 means the same, but it is used only in written language, e.g. 凭窗远望。

B．"靠"有挨近的意思，"凭"没有。例如：

靠 means "be near", but 凭 does not carry such meaning, .g.

汽车来了，靠边走！

这个村子，西边、北边都靠山。

C．"靠"有依靠的意思，"凭"也有，但"凭"的侧重点在于做某事必须借助某种条件。因此宾语指人时，多用"靠"。例如：

靠 means "rely on", so does 凭, but 凭 emphasizes the condition on which something is done.   So 靠 is often used when the object denotes people, e.g.

要作好工作，只靠(凭)热情是不够的。

要想办好这件事，全靠(凭)大家的努力了。

父亲死了以后，他们全家人的生活全靠哥哥一个人了。

"凭"还有"凭票入场"的用法，"靠"不能这样用。

In the expression 凭票入场 (admission by ticket only), 凭 cannot be replaced by 靠。

3. 往往 常常

这两个副词意思相近，都有经常的意思。例如：

Both 往往 and 常常 mean "frequently", e.g.

他 往往／常常 工作到夜里十二点。

"往往"是对过去出现的情况的总结，带有一定的规律性，不用于主观意愿。例如：

But 往往 is used to sum up situations which happened regularly in the past. It cannot be used for subjective aspiration, e.g.

一个人如果不重视调查研究，往往会作出错误的判断。

他们两个人意见往往是一样的。

"常常"可以用于主观意愿。例如：

常常 can be used for subjective aspiration, e.g.

欢迎你们常常来玩儿。（不能用"往往"）

"往往"要指明与动作有关的情况或条件。例如：

往往 means that this is the case under ordinary conditions or that is the case under a certain specific condition, e.g.

每到节日，他们往往到工厂去演出。

他往往一个人进城。

"常常"没有上述限制，可以单纯表示次数频繁。例如：

But 常常 has not the above limitation, and it only indicates the frequency of some action, e.g.

他们常常演出。（不能用"往往"）

他常常进城。（不能用"往往"）

"常常"多用于口语。"往往"的用法比"常常"窄。用"往往"的地方大都能用"常常"代替，但用"常常"的地方不一定能换用"往往"。

常常 is mostly used in spoken language. The usage of 往往 is limited when compared with 常常, so in most cases, 往往 can be replaced by 常常, but 常常 cannot be replaced by 往往.

五、练 习 Exercises

1. 熟读下列词组，并且用带着重号的词组造句：

实际水平　　　符合实际

实际问题　　　符合事实

实际困难　　　符合要求

实际情况　　　符合愿望

主观想法　　　调查研究

主观愿望　　　调查事实

主观条件　　　调查情况

很主观　　　　作调查

有根据　　　　有科学根据

没有根据　　　根据实际情况

2. 用带"根本"或"本来"的句子回答下列问题：

（1）你能不能给我讲一讲这个寓言故事？

（根本）

（2）在"画蛇添足"这个故事里，第二个画
完蛇的人为什么把酒壶抢了过去？
（本来）

（3）他以前不会说英语，怎么现在英语说得
这么好了？　　　　　　　　　　（本来）

（4）到中国来以前，你是学什么专业的？
（本来）

（5）智叟为什么不赞成愚公一家搬山呢？
（根本）

（6）丢斧子的人怀疑斧子是邻居的儿子偷
的，这是不是事实呢？　　（根本）

3. 用括号中的词完成句子：

（1）＿＿＿＿＿，每天他都要去操场锻炼一小
时。　　　　　　　　　　　　　（不论）

（2）要把这个工作搞好，＿＿＿＿＿。
（以为）

（3）＿＿＿＿＿，我们都有信心克服。（不论）

（4）＿＿＿＿＿，结果地里的苗都死了。
（以为）

（5）＿＿＿＿＿，你都要给我打个电话。
（不论）

（6）＿＿＿＿＿，哪知道大家早就都来了。
（以为）

4. 用下列词和括号内的词造句：

例： 帮助　　进步　　　　　　　　（由于）

　　由于大家的帮助，他最近进步很快。

(1) 春天　　冷　　　　　　　　　（反而）

(2) 工作忙　　写信　　　　　　　（由于）

(3) 调查研究　　作好　　　　　　（由于）

(4) 主观　　搞错　　　　　　　　（凭）

(5) 刮风　　穿得少　　　　　　　（反而）

(6) 热情　　办好　　　　　　　　（凭）

5. 选词填空：

　　根据　　　　按照

(1) 你这样说是没有 _____ 的。

(2) _____ 性急的人拔苗助长的办法，苗不但长不快，反而都死了。

(3) _____ 已经得到的报告，我们现在出发，已经太晚了。

(4) 这是大家讨论以后的决定，我们应该 _____ 这个决定去作。

　　凭　　　　靠

(5) 判断一件事情到底对不对，不能只 _____ 主观想法，要看实际。

(6) 大家爬山爬得都很累了，有几个人 _____ 在石头上休息。

（7）骑自行车的同志，请你＿＿＿＿边骑吧，
    汽车来了。

（8）只＿＿＿＿这些条件，还不能把这件事情
    办好。

6. 阅读下面短文并且复述：

    一天，我坐汽车进城了。回学校的时候，在
校门口遇见小王正骑着自行车出校门。我看小王
骑的自行车象是我的，以为小王没告诉我，就骑
我的车进城，心里很不高兴。小王看见我，下了
车，热情地跟我说话。我再看看小王骑的自行
车，越看越象我那辆。但是小王根本不提自行车
的事。我很不高兴地跟小王说了几句话，就回宿
舍了。

    到了宿舍楼门口，我发现我的自行车还在那
儿放着。这时候我才明白，原来小王骑的不是我
的车。

    由于我没作调查研究，不是根据实际情况，
只凭自己的主观想法，就怀疑小王骑的是我的自
行车，因此判断错了。

    看起来不论办什么事，都应该先作调查研
究，根据实际情况作出判断，这样才会不犯错误
或者少犯错误。

第五十课 Lesson 50

一、课 文 Text

晏　子

　　齐国的晏子，被派到楚国去当大使。楚王听说晏子长得比较矮，想侮辱他，就让人在大门旁边另外开了一个小门，准备等晏子来的时候，叫他从小门进。晏子到了楚国，卫兵按照楚王的意思，叫晏子走小门。晏子对卫兵说："只有到狗国去的人，才从狗洞进去。今天我被派到楚国来，为什么让我走狗洞呢？"卫兵回答不了晏子的话，只好让他从大门进去了。

　　晏子见了楚王，楚王说："齐国太没有人了！"

　　晏子说："齐国的首都就有七、八千户人家，街上总是挤满了人。只要人们举一举袖子，就能把太阳遮住，甩一甩汗，就跟下雨一样，怎么能说齐国没有人呢？"

楚王说："齐国既然有那么多人，为什么派你这样的人来当大使呢？"

晏子回答说："我们齐国派大使有一个原则：对方是什么样的国家，就派什么样的人去。如果对方的国王有才能，就派有才能的人去。如果对方的国王是个没有才能的，我们就派没有才能的去。我是个最没用的人，所以才派到楚国来。"

楚王见侮辱晏子的办法没有成功，就又想出了一个新的主意。一天，楚王请晏子参加宴会。大家正喝着酒，忽然两个卫兵拉着一个人从旁边经过。

楚王问："这个人是干什么的？"卫兵回答："是个小偷，是齐国人。"

楚王听了，转过身来笑着对晏子说："怎么，你们齐国人都是爱偷东西的吗？"

晏子不慌不忙地站起来说："我听说过，桔子树长在淮河以南，结的果实又香又甜。如果把它移到淮河以北，结的果实就会又酸又苦。这是因为水土的关系。我们齐国人从来不偷别人的东西，可是一到楚国就变成了小偷。我看，这一定也是因为水土的关系吧！"

楚王几次想侮辱晏子,结果却搬起石头打了
自己的脚。

二、生词 New Words

1. 晏子	（专）	Yànzǐ	*name of a person*
2. 当	（动）	dāng	be, serve as
3. 大使	（名）	dàshǐ	ambassador
4. 长得	（动）	zhǎngde	grow
5. 侮辱	（动）	wǔrǔ	insult
6. 另外	（形、副）	lìngwài	other; separately
7. 卫兵	（名）	wèibīng	guard

8.	只有	（连）	zhǐyǒu	only
9.	狗	（名）	gǒu	dog
10.	洞	（名）	dòng	hole, cave
11.	户	（量）	hù	"人家"的量词
12.	人家	（名）	rénjiā	household
13.	总（是）	（副）	zǒng(shì)	always
14.	挤	（动、形）	jǐ	squeeze; crowd
15.	满	（形）	mǎn	full
16.	袖子	（名）	xiùzi	sleeves
17.	太阳	（名）	tàiyang	the sun
18.	遮	（动）	zhē	cover, shade
19.	甩	（动）	shuǎi	fling, cast away
20.	汗	（名）	hàn	sweat, perspiration
21.	既然	（连）	jìrán	since
22.	原则	（名）	yuánzé	principle
23.	对方	（名）	duìfāng	opposite side
24.	国王	（名）	guówáng	king
25.	才能	（名）	cáinéng	ability and talent
26.	成功	（动）	chénggōng	succeed
27.	主意	（名）	zhǔyì	idea
28.	宴会	（名）	yànhuì	banquet
29.	拉	（动）	lā	pull, drag
30.	小偷	（名）	xiǎotōu	偷东西的人

31. 转（身）	（动）	zhuǎn (shēn)	turn round
32. 爱	（动）	ài	喜欢
33. 不慌不忙		bù huāng bù máng	in no hurry
34. 桔子	（名）	júzi	orange
35. 淮河	（专）	Huáihé	the Huai River
36. 以（南）	（介）	yǐ(nán)	to (the south of)
37. 结	（动）	jié	bear
38. 果实	（名）	guǒshí	fruit
39. 香	（形）	xiāng	fragrant, nice-smelling
40. 甜	（形）	tián	sweet
41. 酸	（形）	suān	sour
42. 苦	（形）	kǔ	bitter
43. 水土	（名）	shuǐtǔ	water and soil
44. 关系	（名）	guānxi	relation, matter
45. 从来	（副）	cónglái	at all times, always

三、词语例解　Notes

1. 齐国的首都就有七、八千户人家

副词"就"后面有数量词时，"就"轻读，表示说话人认为数量多。"就"前面的词语往往指仅在此情况下或在此范围内，这部分要重读。例如：

The adverb 就 followed by a numeral-measure word, indicates what the speaker thinks to be a large number of persons or things. It is pronounced in the neutral tone. The word or phrase before 就 usually shows the circumstances or scope under or within which the persons or things exist, and it is stressed, e.g.

他们学校男同学就有一千多,和女同学一起共两千人。

他复习得很快, 两天就复习了六课、

去参观展览会的人真不少, 我们班就去了八、九个。

"就" 后面的动词有时可以省略。例如:
Sometimes the verb after 就 can be omitted, e.g.

参加运动会的同学很多,我们班就 (有) 十几个。

2. 街上总是挤满了人

"总 (是)" 有一向、一直的意思。例如:
总 (是) means "always," "consistently" or "all along". e.g.

他每天早上总 (是) 在那棵树下打拳 (quán, fist; shadow boxing)。

我上星期就想来看你, 可是总没工夫。

"总 (是.)" 还有毕竟、终归的意思。有时前面的分句里有 "不论" "虽然" 等和它呼应。例如:
总 (是) also means "after all", "in the end", "at long last" or "sooner or later". Sometimes 总 (是) is used in combina-

70

tion with the conjunction 不论，无论 or 虽然 in the preceding clause, e.g.

别着急，问题总（是）可以解决的。

不论有多大的困难，只要努力去干，理想总（是）会实现的。

机会虽然不多，但总（是）会有的。

3. 既然

"既然"用在第一分句中，表示先确认已有的事实或情况，而后加以推论。常用"就""也"等与之呼应。如果后一分句是反问语气，则用"还"或者"怎么""为什么"等。

The conjunction 既然 usually used in the first clause means "since", and it is often used in conjunction with 就，也 etc. If the latter clause is a rhetorical question, 还，怎么 or 为什么 is used instead, e.g.

你既然来了，就别走了。

既然你知道自己的判断是错误的，为什么不赶快纠正呢？

既然你一定要去，我也不反对。

你既然累了，还不快去休息？

4. 桔子树长在淮河以南

由"以"和"上、下、前、后、内（nèi）、外、东、西、南、北"等组成的方位词，表示时间、方位、数量的界限。例如：

Location words made of 以 plus 上、下，前，后，内 (nèi)、外，东，西，南，北 etc. indicate the limit of time, position or quantity, e.g.

你放心，这个表两小时以内一定可以修好。

（表示时间）

我们学校要在操场以东盖一个图书馆。

（表示方位）

我们班的同学都在二十五岁以下。

（表示数量）

5. 这是因为水土的关系

"因为…的关系"表示原因或条件，有"因为受到…的限制"的意思。"因为…的关系"中间可以是一个词组，更常见的是一个名词。例如：

因为…的关系 indicates the reason or cause of a thing or a statement, meaning "as . . . is limited". In 因为…的关系, either a phrase or a noun can be inserted, but the latter is more common, e.g.

因为时间的关系，我们只参观了一个展览室。

（时间不够）

因为身体的关系，她不能参加今天的体操表演了。

（身体不好）

因为天气的关系，飞机没有起飞。

（天气不好）

如果做一件事的原因是"时间很充足""身体很健康""天气很好"，都不能用"因为…的关系"。

If the reasons are 时间很充足，身体很健康，天气很好，因为…的关系 cannot be used in the above three sentences.

6. 从来

表示从过去到现在都是如此。多用于否定句。例如：

从来 mostly used in negative sentences, indicates that something remains the same all the time from the past to the present, e.g.

他从来不吸烟。

她来这里工作一年多了，从来都是早来晚走。

考试的时候，他从来没全对过，总有些小错。

7. 变

"变"的意思是和原来不同。常用补语来说明"变"的结果。例如：

变 indicates that something is no longer the same as it was. It often takes a complement to tell the result of 变, e.g.

天气忽然变冷了。

我们的村子变了。变得我都不认识了。

"变"也常带结果补语"成"，后面的宾语是变的结果。例如：

变 also often takes 成 as its complement of result, the object after it is the result of 变, e.g.

几年没来,这个地方已经变成一个公园了。

这个小城市很快就要变成一个现代化的工业城市了。

"变"的宾语有时是事物或人变化的方面。例如：

Sometimes the object of 变 tells in what respect a person or thing changes, e.g.

这件衣服穿了三年了，已经变颜色了。

这间屋子经过她一布置，完全变了样子了。

四、近义词例解 Synonym Study

1. 另外 另 别的

"另外"是形容词，也是副词。

另外 is an adjective, and an adverb as well.

A. 形容词"另外"作定语，是指上文所说范围之外的人或事物。例如：

The adjective 另外 used as an attributive, means "other" or "another", referring to the person or thing in addition to what has already been mentioned in the preceding context, e.g.

今天我们先讨论这两个问题，另外的两个（问题）明天再讨论。

我有两个姐姐，一个姐姐在北京工作，另外一个在上海工作。

"另外"常与数量词连用，"另外"要用在数量词前。

另外 is often used in conjunction with a numeral-measure word after it.

B. 副词"另外"作状语时，放在动词前，表示在所说的范围之外。例如：

The adverb 另外 used as an adverbial adjunct before the verb, means "besides", "moreover", e.g.

既然你给他的信已经寄出去了，我就另外再写一封吧。

大家另外想了个办法。

"另外"也可放在主语前，有时用逗号与句子隔开，表示在说过的事情之外还有所补充。例如：

另外 also can be put before the subject, separated with the subject by a comma, meaning "in addition to", e.g.

我们在工厂里参观了车间、工人俱乐部，另外，还访问了两个工人家庭。

"另外"作状语放在动词之前，或作定语放在"一"和量词之前，都可以简化为"另"，但有两点需要注意：

另外 as an adverbial adjunct before the verb, or as an attributive before — and a measure word, can be simplified as 另, but the following two points should be noted:

a. "另"只能和数词"一"连用，其他数词不行。

另 cannot be combined with any other numerals except 一.

b. "另"和动词之间不能插入其他状语，其他状语都要放在"另"前。例如：

If there is any other adverbial adjunct, it is usually put before 另, but never between 另 and the verb, e.g.

既然你给他的信已经寄出去了，我就再另写一封吧。

用"另外"的句子，副词"再""又""还"等可在"另外"前，也可在"另外"后。

In the sentence with 另外, the adverb 再，又 or 还 etc., can be put either before or after 另外.

"别的"是代词，意思是除此以外的人或事物，多用于没有一定范围的情况下。语言环境清楚时，后面的中心语可以省略。

例如：

The pronoun 别的 means "other" or "else", referring to the person or thing that has not been included in the preceding context. It is mostly used when no particular scope is given. If the context is clear, the central word after 别的 can be omitted, e.g.

他进城，除了看朋友以外，没有别的事。

您还要买点儿别的吗？

"别的"很少和数量词连用，有数量词时，"别的"常常在数量词之后。例如：

别的 is seldomly used with a numeral-measure word, but if such a case appears, the numeral-measure word is usually put before 别的， e.g.

你们谈吧，我先走了，我还有一点儿别的事。

"别的"不能作状语。

别的 cannot be used as an adverbial adjunct.

2. 只有…才… 只要…就…

"只有"和"只要"都表示条件，"只有"强调唯一的条件，除了这个条件外，其他条件都不行。"只要"表示的是具备了这个条件就够了，当然也还可以有别的条件。

在用"只有…才…"的句子里，强调的是条件，在用"只要…就…"的句子里，强调的是后面的结论或结果。例如：

Both 只有 and 只要 show a condition, but 只有 shows the only condition while 只要 shows that one of the conditions is enough.

Besides, 只有…才… stresses the condition itself while 只要…就… stresses the conclusion or the result, e.g.

现在没有别的办法了，只有作手术 (shǒushù)
他的病才能好。

你不用着急，只要作手术，他的病就能好。

下面的句子不能换成用"只有…才…"的句子。

In the following sentence, 只要…就… cannot be replaced by 只有…才….

只要想去，就可以去。

五、练 习 Exercises

1. 熟读下列词组：

当：	当大使	满：	挤满
	当代表		摆满
	当教练		写满
	当老师		挂满
	当大夫		放满
	当干部		坐满
	当工人		站满
以：	以南	变：	变好
	以北		变坏
	以东		变黑
	以西		变黄
	以上		变多
	以下		变少

以内　　　　　　变冷
以外　　　　　　变热

会：　宴会
　　　讨论会
　　　座谈会
　　　运动会
　　　报告会
　　　联欢会
　　　舞会
　　　晚会

2. 用"只有…才…"或"只要…就…"把下列词组连成句子：

（1）有才能　　　　当大使
（2）桔子树　　　　果实又甜又香
（3）调查研究　　　不犯错误
（4）努力　　　　　成功
（5）帮助　　　　　完成
（6）画完蛇　　　　喝这壶酒
（7）学过的生词　　会念

3. 用下面的词和"因为…的关系"造句：

例：　水土
　　　因为水土的关系，这儿的苹果树结的果实
　　　不好吃。

（1）时间 （2）汉语水平
（3）路远 （4）考试
（5）时间 （6）天气

4. 用括号中的词完成句子：

（1）楚王说：＿＿＿＿＿，为什么派你来当大使
呢？ （既然）

（2）北京城里有条街叫王府井（Wángfǔjǐng），
＿＿＿＿＿。 （总是）

（3）每次开会他总是按时来，＿＿＿＿＿。
（从来）

（4）＿＿＿＿＿，我们就另外找个时间去吧。
（既然）

（5）只要认真调查研究，＿＿＿＿＿。
（总是）

（6）你说的这个人＿＿＿＿＿，我怎么知道他的
样子呢？ （从来）

（7）既然大家都赞成这个意见，＿＿＿＿＿。
（就）

（8）小王是最爱锻炼身体的，＿＿＿＿＿。
（总是）

（9）＿＿＿＿＿，今天我是第一次到这儿来。
（从来）

79

5. 选词填空：

　　另外　别的　另

　　(1) 既然他去不了，我们就_____再派一个
　　　　人去吧。

　　(2) 既然他不能去，那么我们派_____人去
　　　　吧。

　　(3) 第一个画完蛇的人说："我已经把蛇画
　　　　完了，你们看，我还能_____再给蛇添
　　　　上几只脚。"

　　(4) 楚王对晏子说："既然齐国有那么多
　　　　人，为什么不派_____人来当大使，却
　　　　派你这样的人呢？"

　　(5) 卫兵不让晏子从大门进，让他从_____
　　　　一个小门进，晏子没同意。

　　(6) 这是我请你带的：书、衣服、水果，
　　　　_____还有一些_____东西。

　　(7) 昨天晚上我写了两封信，一封是给父母
　　　　亲的，_____一封信是给朋友的。

6. 阅读短文并且复述：

自满的人

　　一个人，如果觉得别的人都不如自己，这就
叫自满。

一天，晏子坐马车出门，马车从赶车的人住的街上经过。赶车人的妻子，在大门里边看见她的丈夫十分得意（déyì, be proud of）地坐在马车前边，样子非常自满。

赶车人一回到家，他的妻子立刻就提出来不跟他一起生活了。赶车的不知道出了什么事，就问："你到底为什么不跟我一起生活呢？"

他妻子说："晏子是个非常有才能的人，连很多别的国家的国王都知道。今天我看见他坐在车里，低着头，一点儿也不自满。你不过是个赶车的，却那么得意的样子，好象觉得比晏子还有才能。象你这样自满的人，我不愿意再跟你一起生活了。"

赶车的人听了，觉得妻子说得对，于是以后一举一动非常注意，再也看不出自满的样子了。

晏子发现他的赶车的跟以前比有很大变化，很奇怪，就问他是怎么一回事，赶车的把事情的经过告诉了晏子。

晏子觉得这个赶车的能很快纠正自己的错误，是个有用的人，后来就不让他赶车，派他作别的工作了。

第五十一课 Lesson 51

一、课 文 Text

笑 话 三 则

（一）聪明人

有个人一直认为自己知道的事情最多,是世界上最聪明的人。

一天，一位老人对他说："先生，我见过不少聪明人，他们知道的事情真多，可是却没有一个能回答我的问题。"

聪明人笑了笑说："我还没遇到过回答不了的问题。你有什么问题，请问吧!"

老人说："您这么聪明，那么您说,您知道的事情究竟有多少呢?"

对于这个问题,聪明人考虑了一下儿，说："我知道的事情嘛———,跟你的头发一样多。"

老人笑了："这么说您的知识等于零。"说

着，他摘下了帽子。原来老人是个秃头，一根头发也没有。

（二）换靴子

从前，有个人出门，穿错了靴子，一只底儿厚，一只底儿薄，走起路来，一脚高，一脚低，很不舒服。他觉得奇怪，心里想："今天我的腿出了什么毛病？怎么一条腿长一条腿短呢？要是腿没问题，难道是路不平吗？"

他正想来想去找不出原因，这时有个人告诉他："先生，您穿错了靴子，这两只靴子不是一双。"他低头看了看，果然是一只底儿厚，一只底儿薄。他想，这事容易，只要换一下靴子，问题就解决了。于是叫仆人赶紧回家去取。

等了好长时间，只见仆人空着手回来了。他

问仆人为什么没把靴子拿来，仆人说："主人，不用换了，家里的那双也是一只底儿厚一只底儿薄。"

（三）买　酒

有个有钱人，总想占别人的便宜。一次，他把仆人叫来，拿了一只酒壶，对仆人说："去，到酒店给我买一壶酒来。"仆人说："是。可是买酒的钱呢？"主人眼睛一瞪，大声说："笨蛋，花钱买酒，谁不会买？不用钱买来酒，这才算能干。"仆人听了,没有说话,拿过酒壶走了。

过了一会儿,仆人回来了,把酒壶交给主人说:"酒买来了,您喝吧!"主人接过酒壶,十分高兴,心里想:这才是会办事的人。可是他喝了半天却喝不到酒,打开盖儿一看,原来里边一

滴酒也没有。主人生气地骂道:"混帐,壶里没酒,让我喝什么?"仆人回答说:"壶里有酒谁不会喝?要是能从空酒壶里喝出酒来,那才算真有本事呢!"

二、生词 New Words

1. 笑话　　　（名）　xiàohua　　　joke
2. 则　　　　（量）　zé　　　　　"笑话"的量词

3. 聪明	（形）	cōngming	clever
4. 一直	（副）	yìzhí	always
5. 遇到		yùdào	遇见
6. 究竟	（副）	jiūjìng	到底
7. 对于	（介）	duìyú	对
8. 考虑	（动）	kǎolü	consider
9. 嘛	（助）	ma	*a modal particle*
10. 头发	（名）	tóufa	hair
11. 知识	（名）	zhīshi	knowledge
12. 摘	（动）	zhāi	take off
13. 秃头	（名）	tūtóu	baldhead
14. 根	（量）	gēn	"头发" 的量词
15. 换	（动）	huàn	exchange, change
16. 靴子	（名）	xuēzi	boot
17. 出门		chū mén	leave home
18. 底	（名）	dǐr	sole
19. 走路		zǒu lù	walk
20. 出（毛病）	（动）	chū (máobing)	发生
21. 毛病	（名）	máobìng	trouble, breakdown
22. 难道	（副）	nándào	*an adverb making a rhetorical question more emphatic*

23.	原因	（名）	yuányīn	cause
24.	双	（量）	shuāng	pair
25.	低头		dī tóu	hang one's head
26.	果然	（连）	guǒrán	just as expected
27.	仆人	（名）	púrén	servant
28.	赶紧	（副）	gǎnjǐn	quickly
29.	取	（动）	qǔ	get
30.	只见		zhǐ jiàn	(and) see
31.	空	（形）	kōng	empty
32.	酒店	（名）	jiǔdiàn	wineshop
33.	眼睛	（名）	yǎnjing	eye
34.	瞪	（动）	dèng	open (one's eyes) wide
35.	笨蛋	（名）	bèndàn	fool
36.	算	（动）	suàn	be considered as
37.	能干	（形）	nénggàn	able, capable
38.	盖儿	（名）	gàir	cover
39.	滴	（量）	dī	drop
40.	生气	（动）	shēngqì	be angry
41.	骂	（动）	mà	scold, curse
42.	道	（动）	dào	说
43.	混帐	（形）	hùnzhàng	(abusive) you silly goose

44．本事　　　（名）　běnshì　　　ability, skill

三、词语例解　Notes

1．一直

"一直"有两个意思：

一直 carries two meanings:

Ａ．朝着一个方向不变。例如：

Straight, e.g.

你要去邮局吗？从这儿一直往东。

从这儿一直走，前边那座楼就是国际俱乐部。

Ｂ．表示动作持续不断或状态持续不变。例如：

Keep on, e.g.

雪一直下了一天一夜。

来北京以后，她的身体一直很好。

在否定句中，否定词要放在"一直"后边。例如：

In a negative sentence, the negative word is placed after 一直, e.g.

他已经搬走了，最近我一直没看见他。

2．我知道的事情嘛，……

语气助词"嘛"主要用途有两个：

The modal particle 嘛 mainly carries the following two functions:

Ａ．用在句中停顿处，唤起听话人对下文的注意。例如：

Used within a sentence creating a pause which draws attention to what follows, e.g.

研究问题嘛，就得从实际出发。

这件事情嘛，我认为应该立刻去办。

B. 表示事情本应如此或者理由显而易见。常用于陈述句句尾或者分句句尾。例如：

Used at the end of a sentence or a clause to show that what precedes is very obvious, e.g.

我本来就不愿意去嘛。

那不是张大夫吗？请他进来嘛。

"嘛"与"吗"不同，"嘛"不能表示疑问。

嘛 is different from 吗 for it cannot form a question.

3. 难道

"难道"用来加强反问语气，句尾常有"吗"。可以用在主语前，也可用在动词前。例如：

难道 used before either the subject or the verb makes a rhetorical question more emphatic. It is often used in conjunction with 吗 at the end of the sentence, e.g.

他们能做到的事，难道我们做不到吗？

刚才我说的话，你难道没听见吗？

某种迹象使人对本来确信的情况产生怀疑，也可以用"难道"提出疑问。例如：

难道 is also used to doubt something one was certain about, e.g.

他现在还不回信，难道没收到我的信？

我那么大声叫你，你难道没听见？

4. 想来想去

在"…来…去"格式中嵌入同一个动词，表示动作来来往往不断反复。例如：

89

...来...去 with a verb inserted in the two spaces shows repetition of an action, e.g.

孩子们在校园里跑来跑去，玩得很高兴。

他在屋子里走来走去，一直在想那个问题。

有时表示动作不断反复。这时"...来...去"后边多有动作的结果。例如：

Sometimes ...来...去 means "over and over again", and usually there is a result of an action after it, e.g.

这个问题讨论来讨论去，还是没有结果。

5. 果然

"果然"表示事实与所说的或预料的一样。常用在谓语前，也可用在主语前。例如：

果然 often used before the predicate or the subject, indicates something happened as expected or stated, e.g.

听说这部电影很好，看了以后果然不错。

昨天天气预报有雨，今天果然下起雨来了。

朋友告诉我哈利今天来，果然他来了。

6. 只见仆人空着手回来了

"只见"常用来引出对看到的事物的描述，这一事物是说话人特别注意的。例如：

只见 is often used to lead to the description of something which the speaker sees and is particularly attentive to, e.g.

我们走进体育馆，只见运动员们正在紧张地练球。

我从车窗往外一看，只见山上长满了绿树，好看极了。

7. …这才算能干

"算"有"够得上"、"被认为"的意思。例如：

算 means "be considered as", e.g.

他对中国很了解，可以算一个中国通了。

今年北京的夏天不算热。

这个汽车厂算是全国最大的了。

四、近义词例解　Synonym Study

究竟　到底

"究竟"和"到底"比较，有以下几点：

Comparison of 究竟 and 到底：

A. 相同的地方：　Similarities

（1）都可用于问句，表示进一步追究，有加强语气的作用。
多用在谓语前。例如：

Both 究竟 and 到底 can be used mostly before the predicate in an interrogative sentence to indicate an attempt to get to the bottom of things and to emphasize the tone, e.g.

他们的想法 究竟／到底 符合不符合实际情况？

这两个词的意思 究竟／到底 有什么不一样？

如果是针对主语提问，就要放在主语前。例如：

When asking a question on the subject, 究竟 and 到底 are put before the subject, e.g.

究竟／到底 哪个球队能赢，还要看比赛的结果。

（2）都有"毕竟"的意思。多用于含有评价意义的陈述句。例如：

Both 究竟 and 到底 are used mostly in a declarative sentence with a sense of commentary to mean 毕竟 (after all), e.g.

他究竟/到底 比较年轻，干了这么半天也不觉得累。

他究竟/到底 是个有经验的大夫，很快治好了我的病。

B. 不同的地方：Differences

（1）在上述两点相同的意思中，"到底"比"究竟"更口语化。

到底 is more colloquial than 究竟 although they are similar as mentioned above.

（2）"到底"有"终于"的意思，"究竟"没有。例如：

到底 means 终于，but 究竟 does not carry such meaning, e.g.

这两个年轻人到底把那篇科学论文写出来了。（不能用"究竟"）

他一会儿说来，一会儿说不来，到底还是来了。（不能用"究竟"）

（3）"究竟"可以作名词，表示结果或事情从头到尾的经过。前面常带量词"个"。"到底"没有这种用法。例如：

究竟 can be a noun to indicate the result or process of something, and it is often used together with the measure word 个

92

before it, but 到底 does not have such meaning.

我们的建议他同意了没有？我们很想知道个究竟。

这篇文章是谁写的？他想问个究竟。

五、练 习 Exercises

1. 熟读下列词组：

摘帽子	换车	出毛病
摘苹果	换钱	出问题
摘下手表	换衣服	出节目
摘下眼镜	换鞋 (xié, shoes)	出成绩
摘下墙上的画	换位子	瓶底儿
空酒壶	换地方	壶底儿
空箱子	空车	瓶盖儿
空着手	空屋子	壶盖儿

2. 用所给的词组造句：

(1) 自己以为　　　聪明

(2) 回答　　　考虑

(3) 到底　　　原因

(4) 赶紧　　　取

(5) 好长时间　　　只见

(6) 生气　　　瞪

3. 用括号中的词语完成句子：

(1) ＿＿＿＿＿＿，就可以找到北京饭店了。

（一直）

(2) 他大学毕业以后，＿＿＿＿＿＿，到现在已经十几年了。 （一直）

(3) 我知道他已经到北京来了，＿＿＿＿＿＿。

（一直）

(4) 昨天天气预报说今天有雨，＿＿＿＿＿＿。

（果然）

(5) 听说这本小说很有意思＿＿＿＿＿＿。

（果然）

(6) 朋友们说汉斯今天到北京来，＿＿＿＿＿＿。

（果然）

(7) 这件衣服只是有一点儿脏，＿＿＿＿＿＿。

（算）

(8) 能从空壶里喝出酒来，＿＿＿＿＿＿。 （算）

4 用"难道"把下列句子改写成反问句：

(1) 颐和园就在咱们学校附近，你一定去过吧。

(2) 老王刚出去，你遇见他了吗？

(3) 他们能作到的事，我们也可以作到。

(4) 他怎么现在还不给我回信，到底是什么原因呢？

（5）愚公说："我死了以后有我的儿子，儿子死了又有孙子，我们的人越来越多，一定能把山挖平。"

（6）晏子说："桔子树长在淮河以南，果实又甜又香，长在淮河以北，果实又酸又苦，这是因为水土的关系。"

5. 选词填空：

究竟　到底

（1）丢斧子的人想：_____是谁偷了我的斧子呢？

（2）他们研究的那个项目_____搞成了。

（3）本来他说不来，我们又去请他，_____他还是来了。

（4）他_____是个有经验的大夫，这些病人他都治好了。

（5）我的意见他赞成不赞成？我想知道个_____。

6. 阅读下面短文并且复述：

　　父亲和儿子进城，父亲骑着驴（lú, donkey），儿子在后面跟着。走了不远，就听有人说："自己骑驴，让孩子在后面跟着，哪有这样的父亲！"

　　那个人听了，觉得有道理，就赶紧下来，

让儿子骑上驴，自己跟在后面。走了一会儿，又听有人说："儿子骑驴，父亲跟着，当父亲的是怎么教育孩子的！"那个人听了，又赶紧上了驴，跟儿子一起骑着往前走。

走着走着，听见有人说："这么一头小驴，两个人骑，驴不是要累死吗？"听见这话，他又下了驴，让儿子也下来，两个人跟着驴走。

走了不远，又有人说："没见过这样的人，有驴不骑，却跟在后边走。"

他们没办法，不知道怎么做好。那个人想："到底谁的意见对呢？"

第五十二课 Lesson 52

一、课 文 Text

梨 花

眼前的风景多美呀！我在山里写生，一张一张地画着，都忘了太阳快下山了。我的哈尼族同伴有点儿着急：晚上恐怕赶不到住宿的地方了。

天色越来越黑，我们急急忙忙往回走。

"你看。前边有人家！"我的同伴指着树林中的一间草屋说。

我们连忙向草屋走去。走近一看，门上写着两个字：请进。

我们推开门，进了屋，发现屋里有水，有米，有盐，有辣椒……。墙上还写着一行字：请自己作饭吃。

我们放下东西，开始生火，作饭。好甜的水，好香的饭哪！可是主人到哪里去了呢？

这时候，门外进来一位老人，右肩背着一支猎枪，左肩扛着一袋粮食。

"啊，主人回来了！"我这样想着，立刻站起来，对老人说："太感谢您了！我们从这儿经过，太晚了，来打扰您……"

"不，我不是这儿的主人。"老人摇摇头说，"我也是过路的，是瑶家人，在山那边住。上个月打猎来到这里，天晚了，没地方住，也是在这里吃的饭，过的夜。第二天走的时候，我留下一块包头的红布，插上羽毛，告诉主人，有个瑶家人来打扰过。今天我是来给主人送米的。"

"这儿的主人到底是谁呢？"

老人吸了一口烟，慢慢地说：

"我向很多人打听过。听说这间屋子就是为过路人准备的。主人是位哈尼族姑娘，名字叫梨花。"

"梨花"，多美的名字啊！

第二天早上，我把屋子扫得干干净净，把屋子外边也弄得整整齐齐。我还抽空把这座难忘的草屋画了下来。

我们刚要离开，忽然一群姑娘又说又笑，向草屋走过来。前边的一个，背着一只装水的竹筒。

"梨花姑娘！"瑶族老人叫了起来。

"感谢你，梨花姑娘！"老人走过去说，

"你们为过路人盖了这间草屋……"

　　"哎呀，不要谢我们！"背竹筒的姑娘笑起来，"我不是梨花，房子也不是我们盖的……"

　　"那……"

　　"那是十几年前，"姑娘接着说，"有一队解放军经过这里。夜里下起雨来,他们的衣服都淋湿了。第二天他们就动手在这儿盖草屋。我姐姐经过这儿，觉得奇怪，就问他们,是不是准备在这儿长住。一个战士说："不是长住,是为了方便过路人,……"我姐姐听了,非常感动。后来，她就常给这间小屋背柴、添水，一直管了好多年。"

"你姐姐叫什么名字？她在哪儿？"我们问。

"她叫梨花，结婚以后，到山那边去了。"

不用说，梨花的任务由这群小姑娘接过来了。多好的姑娘们哪！

❋   ❋   ❋

每当我看到自己画的那间草屋，就不由得想起那些活泼的姑娘。她们象一朵朵白色的梨花，那样美丽，那样可爱……

二、生词 New Words

1. 梨花　　　（名）　líhuā　　　pear blossoms
2. 梨　　　　（名）　lí　　　　　pear
3. 眼前　　　（名）　yǎnqián　　before one's eyes
4. 风景　　　（名）　fēngjǐng　　scenery

5.	美	（形）	měi		漂亮，好看
6.	写生	（动、名）	xiěshēng		sketch
7.	哈尼族	（专）	Hānízú		the Hani ethnic group
8.	同伴	（名）	tóngbàn		companion
9.	赶（到）	（动）	gǎn(dào)		hurry on
10.	恐怕	（副）	kǒngpà		perhaps; I'm afraid
11.	住宿	（动）	zhùsù		stay for the night
12.	天色	（名）	tiānsè		time of day or the weather as judged by the colour of the sky
13.	树林	（名）	shùlín		wood, forest
14.	间	（量）	jiān		"屋子"、"房子" 的量词
15.	草屋	（名）	cǎowū		straw shed
16.	向	（介）	xiàng		to
17.	推	（动）	tuī		push
18.	米	（名）	mǐ		rice
19.	盐	（名）	yán		salt
20.	辣椒	（名）	làjiāo		pepper
21.	行	（量）	háng		line, row
22.	作饭		zuò fàn		cook

23.	生火		shēng huǒ	make a fire
24.	肩	（名）	jiān	shoulder
25.	猎枪	（名）	lièqiāng	hunting gun
26.	打扰	（名）	dǎrǎo	disturb
27.	过路	（形）	guòlù	pass
28.	瑶家	（专）	Yáojiā	瑶族
29.	打猎		dǎ liè	hunt
30.	过夜		guò yè	stay overnight
31.	块	（量）	kuài	piece, lamp, cube
32.	包	（动）	bāo	wrap
33.	插	（动）	chā	plug in, insert
34.	羽毛	（名）	yǔmáo	feather
35.	吸（烟）		xī (yān)	smoke
36.	口	（量）	kǒu	mouthful
37.	烟	（名）	yān	cigarette
38.	打听	（动）	dǎtīng	ask about
39.	姑娘	（名）	gūniang	girl
40.	抽空儿		chōu kòngr	try to find time
41.	空儿	（名）	kòngr	free time
42.	难忘	（形）	nánwàng	unforgetable
43.	群	（量）	qún	group
44.	装	（动）	zhuāng	contain, hold

45.	竹筒	（名）	zhútǒng	bamboo section used as a holder or container
46.	盖	（动）	gài	build
47.	哎呀	（叹）	āiyā	*an interjection*
48.	队	（量）	duì	team, group
49.	夜（里）	（名）	yè(li)	night
50.	淋	（动）	lín	be caught in the rain
51.	湿	（形）	shī	wet
52.	动手		dòng shǒu	start doing sth.
53.	长住	（动）	chángzhù	stay long
54.	柴	（名）	chái	firewood
55.	管	（动）	guǎn	be in charge of
56.	任务	（名）	rènwu	task
57.	每当	（连）	měidāng	whenever
58.	不由得	（副）	bùyóude	could not help doing sth.
59.	想起	（动）	xiǎngqǐ	remember, recall
60.	活泼	（形）	huópo	lively, vigorous
61.	朵	（量）	duǒ	"花" 的量词
62.	（白）色	（名）	(bái)sè	（白）颜色
63.	那样	（代）	nàyàng	such

| 64. 美丽 | （形） | měilì | 美，漂亮 |
| 65. 可爱 | （形） | kě'ài | lovely |

三、词语例解　Notes

1．都忘了太阳快下山了

"都"有"已经"的意思，起加强语气的作用，句尾常用"了"。表示说话人主观上感到事情意想不到地达到了某种程度。"都"要轻读。例如：

都 implies 已经. It is used in conjunction with 了 at the end of a sentence to emphasize the tone, indicating that, from the speaker's view point, something has reached a certain degree or extended beyond his expectation. Here 都 is pronounced in the neutral tone, e.g.

天都黑了，我们赶快回去吧。

时间过得真快，都十二月了。

他刚学了半年，现在都能表演汉语节目了。

2．恐怕

"恐怕"作状语，表示估计，有时带有担心的意思。例如：

恐怕 used as an adverbial adjunct shows estimate or worry, e.g.

他走了恐怕有二十天了吧。

小王怎么还没来？恐怕他有事不能来了。

他已经走远了，恐怕追不上了。

3．好甜的水，好香的饭哪

"好"放在形容词、动词前，表示程度深，并带有感叹语气。例如：

好 used before an adjective or a verb indicates a high degree or extent of something that reaches and carries a tone of exclamation, e.g.

好热的天气呀！

这个桔子好酸哪！

原来你在这儿，让我好找啊！

"好"还可以用在数量词、时间词或形容词"多""久""长"等前。强调数量多或时间长。数量词限于"一""几""些"。例如：

好 also can be used before the numeral-measure words 一, 几, 些, time words and adjectives such as 多, 久, 长, etc., emphasizes a large quantity or a long period, e.g.

刚才有好几个人找你，他们等了你好半天。

他们结婚好多年了。

好长时间没见了，你身体怎么样？

4. …把这座难忘的草屋画了下来

复合趋向补语"下来"的引申用法之一是：表示通过动作使人或事物固定或停留，以免消失或离去。例如：

One of the extended usages of the compound directional complement 下来 is to make people or things stop or stay where they are before they begin doing something else, e.g.

这儿的风景多美呀，快用照相机把它照下来吧！

下课以后，请你们二位留下来，我们研究一下这个问题。

送报的同志让我把名字和房间号写下来。

5. 哎呀

"哎呀" 是叹词。叹词是表示强烈的感情以及表示招呼、应答的词。"哎呀" 表示惊讶、喜悦、困惑、发愁等情感。例如：

哎呀 is an interjection used to express strong feelings of surprise, joy, puzzlement or worry etc., e.g.

哎呀！你的衣服怎么都淋湿了？

哎呀！太好了！

哎呀！我忘了带钢笔了。

哎呀！我的车坏了，怎么办呢？

6. 是不是准备在这儿长住

对某件事有些猜测或判断，但又不十分肯定，如果要进一步明确这件事是肯定的还是否定的，就可以用 "是不是" 来提问。"是不是" 可以用在谓语主要成分之前，也可以用在句首或句末。例如：

是不是 can be used before the main element of the predicate or at the beginning or the end of a sentence to confirm a conjecture or judgement of something, e.g.

你们下星期是不是要考试？

是不是他下个月要回国？

他们正在跟朋友谈话呢，是不是？

7. 管了好多年

"管" 的意思很多，这里的 "管" 是动词，有 "管理" "负责" 某项工作的意思。例如：

管 carries many meanings. Here 管 is a verb meaning "be in charge of certain work", e.g.

106

她一个人能管十台机器。

这个果园由他们几个人管。

"管"还有"关心""过问"等意思。例如：

管 also means "concern", "take an interest in" etc., e.g.

这件事我们不能不管。

8．不用说

"不用说"表示根据情况或经验，可以判断事情一定是这样的。例如：

不用说 means "no doubt", e.g.

我的自行车不在了，不用说，一定是弟弟骑走了。

从医院回来以后，我发现衣服都洗干净了，不用说，一定是丁文帮我洗的。

"不用说"常作独立成分。独立成分是独立于句子之外的成分，它不同句子的其他成分发生结构关系，可以在句首，也可以在句中，位置比较灵活。

不用说 is an independent part of a sentence. It is put either at the beginning of a sentence or within a sentence.

9．不由得

"不由得"表示对某种情况不由自主地产生某种反应。例如：

不由得 means "cannot help (doing sth.)", e.g.

看见湖边的小树，我不由得想起自己种的苹果树，恐怕现在已经结苹果了。

主人看到那句话，不由得哈哈大笑起来。

四、近义词例解　Synonym Study

1. 由　被（让、叫）

A. 介词"由"的作用是引出施事者，主要说明某事归谁做，它没有被动的意思。动词的受事者可以是主语，也可以是宾语。例如：

The preposition 由 introduces the person who is assigned to a task, and it does not carry any passive meaning. The recipient of the verb in the sentence can be either the subject or the object, e.g.

小话剧的布景由我们几个人画。

由我们几个人画小话剧的布景。

"被"字句主要表示被动，受事者要放在句首作主语，动词后多有表示完成的"了"或补语等，以说明动作的结果。例如：

被 sentence indicates the passive meaning, in which the recipient of the verb is placed at the beginning of the sentence as the subject, usually 了 or a complement is used after the verb to show the result of action, e.g.

小话剧的布景让我们几个人画坏了。

"被"字句一般多用于不愉快、不如意的事情。凡是意外的行为或非主观上要进行的动作都不能用"由"，但可以用"被"。例如：

被 sentence is usually used to express an adverse situation, one in which something unfortunate has happened. All unexpected behaviour and unfortunate action can be expressed by 被, but not by 由, e.g.

108

那件事被我忘得干干净净。

那支钢笔让我丢了。

B．"由"还可以用来引出构成事物的成分或方式等，"被"不能这样用。例如：

由 can be used to introduce the constituents of a thing or the way of forming a thing, but 被 does not function like this, e.g.

那个科学代表团由十五人组成。

骑马的"骑"字是由"马""大""可"
组成的。

C．"由"还有"从"的意思，表示起点。"被"没有这种意思。例如：

由 also means 从, indicating the starting point; but 被 does not carry such meaning, e.g.

丁文的朋友是由英国来的。

春天到了，天气慢慢地由冷变暖（和）了。

2．打听　问

"打听"和"问"都是向人询问所要知道的事情。但"打听"只是要了解某一事实或情况，不要求回答的人表示意见、看法。而且要打听的人往往是第三者。例如：

Both 打听 and 问 mean "ask", but 打听 is used to inquire the facts about sth. or sb., not to inquire the comments on sth. or sb. . The person being asked is usually the third one, e.g.

他向很多人打听过，都不知道草屋的主人。

他跟我打听友谊商店在什么地方。

我已经打听到了那种词典在哪个书店能买到。

"问"的范围比"打听"广得多。除了有"打听"的意思以外，"问"还有要求别人解答疑问，说明道理，发表意见的意思。因此，下面的例句只能用"问"，不能用"打听"。

问 is widely used as compared with 打听. It carries all the meanings which 打听 possesses. Besides, 问 is used to ask others to explain, to make a comment. So, in the following examples, only 问 can be used:

我要问你一个问题。

他问我对暑假活动有什么意见。

我问他："你身体怎么样？"他说："很好。"

安娜问玛丽想不想看这本小说。

有些句子可以用"打听"，也可以用"问"。如果句子中出现被打听或被问的人时，两种句子的格式是不同的。如："他向（跟）我打听…"，"他问我…"例如：

In some sentences, either 问 or 打听 can be used. If the person being asked appears in the sentence, 打听 and 问 are used in different constructions: 他向（跟）我打听…；他问我…, e.g.

他问过很多人，都不知草屋的主人。

他问我友谊商店在什么地方。

五、练习 Exercises

1. 读下列词组并用带着重号的词组造句：

画下来　　照下来　　写下来　　记下来

留下来　　收下来　　住下来　　停下来

翻译下来　记录下来

接过来　　拿过来　　搬过来　　开过来

扔过来　　送过来　　抢过来

2. 把"都"加在下列各句中：

(1) 十二月了，天气还这么暖和。

(2) 他的年纪不太大，可是头发白了。

(3) 时间不早了，村里的人生火作饭了。

(4) 天晚了，太阳落下山去了，该找个地方住宿了。

(5) 时间过得多快呀，他参加工作已经一年了。

(6) 我离开家的时候，这个孩子才三岁，现在上小学了。

3. 用"是不是"把下列陈述句改成疑问句：

(1) 他背着猎枪在树林里走来走去，可能是个打猎的。

(2) 好多人在那儿写生，那里的风景一定很美。

(3) 他身上的衣服都湿了，一定是让雨淋的。

(4) 这间草屋是为过路的人准备的。

(5) 他已经毕业了，听说他下个月要回国。

（6）这个姑娘背的竹筒是装米的。

4. 用括号中的词完成句子：

（1）这么晚了，他还没回来，＿＿＿＿＿＿。
　　　　　　　　　　　　　　　　　　（恐怕）

（2）＿＿＿＿＿＿，谁都不知道草屋的主人是谁。
　　　　　　　　　　　　　　　　（副词"好"）

（3）天气不好，＿＿＿＿＿＿，你在这儿住一夜，
　　　明天再走吧。　　　　　　　　　（恐怕）

（4）我在这个村子＿＿＿＿＿＿，差不多每家的
　　　情况我都清楚。　　　　　　（副词"好"）

（5）草屋的门开着，可是屋子里没有人，
　　　＿＿＿＿＿＿。　　　　　　　　　（恐怕）

（6）她穿的衣服＿＿＿＿＿＿！谁见了都要回头
　　　看一看。　　　　　　　　　（副词"好"）

5. 选词填空：

　　　不用说　　　　不由得

（1）走在前边的那个姑娘，身上背着两个
　　　竹筒，样子非常活泼可爱，我心里想：
　　　＿＿＿＿＿＿她一定是梨花姑娘。

（2）每次看到挂在墙上的照片，＿＿＿＿＿＿就
　　　想起照片上的那些朋友。

（3）天色已经晚了，前边没有村子，我们怕
　　　找不到住宿的地方＿＿＿＿＿＿都着起急来。

（4）要是我告诉大家，明天去参观的地方是
 长城，＿＿＿＿＿＿，大家一定都非常高兴。

  由　　　被（让、叫）

（5）放在桌子上的辣椒都＿＿＿＿＿＿我们吃了。

（6）昨天参观的那个展览，是＿＿＿＿＿＿五部
 分组成的。

（7）外边的雨下得不小吧，你看，你的衣服
 都＿＿＿＿＿＿雨淋湿了。

（8）他坐＿＿＿＿＿＿上海到北京的火车，今天
 晚上到，我准备去火车站接他。

  打听　问

（9）我＿＿＿＿＿＿他想不想看明天的电影。

（10）我已经＿＿＿＿＿＿到了王老师住在什么地
 方。

（11）哈利＿＿＿＿＿＿我一个很复杂的语法问
 题。

（12）我问他＿＿＿＿＿＿去故宫博物院怎么走，他
 告诉我了。

6．阅读短文并且复述：

  我有个朋友是画家（画画儿画得很好的人
叫画家）。他到过好多地方，画过好多写生画
儿，有山水画儿，有人物画儿。我很喜欢看他

113

的画儿。

有一天我去看他，他十分高兴地把新画的画儿拿出来给我看。

第一张是风景画儿。画儿的中间有一个草屋，草屋的左边有几棵苹果树，右边有几棵梨树。梨树上开满了白色的梨花。草屋门口有一只小狗，草屋后边是一片树林。草屋前边有一块田，农民们正在田里劳动。

第二张画的是几个哈尼族青年，他们每个人手里都拿着一支猎枪，正在往前跑。两只猎狗（打猎用的狗）在最前边，飞快地跑着一直往前追。再远一点儿的地方是树林，猎狗都快追到树林里去了。树林后边有几座山，因为离得比较远，山画得不那么清楚。

第三张画的是几个瑶族姑娘，她们都穿着很漂亮的衣服，背上背着竹筒。有的竹筒里装着米，有的竹筒里装着盐，有的竹筒里装着辣椒。她们正说说笑笑地从山上下来，样子都非常活泼可爱。

我刚要看第四张，我朋友对我说：“我们先吃饭，吃完饭再看吧！”我一看表，说：“哎呀！时间过得真快，都到吃饭的时候了。”

第五十三课 Lesson 53

一、课 文 Text

推 敲

古时候人们作诗，常常是一边心里想着诗句，一边嘴里低声读出来。唐代有个诗人名叫贾岛，他作诗十分认真，每一句，每一个字，几乎都要反复修改。他一天到晚，嘴里总是不停地念着诗句。当时流传着不少关于他刻苦作诗的故事，"推敲"就是其中的一个。

有一次，贾岛在京城参加考试。一天，他骑着一头小驴，到街上去玩儿。在路上，他想出了两句诗："鸟宿池边树，僧推月下门。"描写的是夜晚一个非常安静的环境。贾岛反复读这两句诗，觉得其中的"推"字，如果改成"敲"字，也许更好一些。改还是不改呢？他一时拿不定主意。于是便在驴背上一遍一遍地读，同时还用手作着推和敲的动作，反复地比较。他完全忘记了自己是骑着驴在街上走，小驴也象没人管一样，朝前乱跑。

　　就在这时候，前面来了一个大官。在那个时代，老百姓在路上遇到大官，必须远远地躲开。可是这位贾岛，一心想着自己的诗句，而且还在不停地作着推和敲的动作，小驴驮着他一直闯到大官的面前。卫兵见了，立刻把他从驴背上拉了下来，这时贾岛才知道自己闯了祸。他见了那个大官，就老老实实把自己一心想诗句的情况说了一遍，希望大官能原谅他。

　　事情真巧，原来那个大官是唐代有名的诗人

韩愈。他听了贾岛说的情况,知道是因为作诗才撞了他的车马,不但没生气,反而停下来跟贾岛一起谈起诗来。贾岛听说这位大官就是韩愈,非常高兴,就问他对这两句诗的意见。韩愈想了想说:"我觉得'敲'字比'推'字好。静静的夜里,在月光下,一个僧人'得得'地敲着山门,这个情景是很美的。"于是贾岛就把"推"字改成了"敲"字。

我们现在用的"推敲"这个词,就是从这个故事来的,意思是指对词句进行分析、比较,反复考虑,使它用得尽量准确、生动。

二、生词 New Words

1. 推敲	(动)	tuīqiāo	weigh and consider
2. 敲	(动)	qiāo	knock
3. 诗	(名)	shī	poem
4. 嘴	(名)	zuǐ	mouth
5. 唐代	(专)	Tángdài	the Tang Dynasty
6. 诗人	(名)	shīrén	poet
7. 贾岛	(专)	Jiǎ Dǎo	*a poet in the Tang Dynasty*
8. 几乎	(副)	jīhū	almost
9. 反复	(动)	fǎnfù	repeat

117

10. 修改	（动）	xiūgǎi	revise
11. 当时	（名）	dāngshí	at that time
12. 流传	（动）	liúchuán	spread, circulate
13. 关于	（介）	guānyú	about
14. 刻苦	（形）	kèkǔ	assiduous, hard-working
15. 其中	（名）	qízhōng	那里面
16. 京城	（名）	jīngchéng	首都
17. 头	（量）	tóu	"驴"的量词
18. 驴	（名）	lú	donkey
19. 鸟	（名）	niǎo	bird
20. 宿	（动）	sù	dwell, stay overnight
21. 池	（名）	chí	pond, pool
22. 僧	（名）	sēng	monk
23. 描写	（动）	miáoxiě	describe
24. 环境	（名）	huánjìng	circumstances, environment
25. 也许	（副）	yěxǔ	perhaps
26. 一时	（名）	yìshí	for a while, for the time being
27. 拿定		ná dìng	make up one's mind
28. 背	（名）	bèi	back
29. 同时	（名）	tóngshí	at the same time

118

30.	动作	（名）	dòngzuò	action
31.	比较	（动）	bǐjiào	compare
32.	完全	（形）	wánquán	entire, complete
33.	忘记	（动）	wànjì	忘 forget
34.	乱	（形）	luàn	disorderly, confused
35.	官	（名）	guān	official
36.	时代	（名）	shídài	times, era
37.	老百姓	（名）	lǎobǎixìng	common people
38.	必须	（动）	bìxū	must
39.	躲开		duǒkāi	avoid, stay away
40.	一心	（副）	yìxīn	with one heart and one mind
41.	驮	（动）	tuó	(of animals) carry on the back
42.	闯	（动）	chuǎng	rush in
43.	面前	（名）	miànqián	in the face of
44.	闯祸		chuǎnghuò	precipitate a disaster, lead to trouble
45.	老实	（形）	lǎoshi	honest
46.	巧	（形）	qiǎo	coincidental
47.	韩愈	（专）	Hán Yù	*a writer in the Tang Dynasty*
48.	不但	（连）	búdàn	not only

49.	反而	（连）	fǎn'ér	on the contrary
50.	静	（形）	jìng	安静
51.	月光	（名）	yuèguāng	moonlight
52.	得得	（象声）	dēdē	*onomatopoeia*
53.	山门	（名）	shānmén	gate to a monastery
54.	情景	（名）	qíngjǐng	situation, scene
55.	使	（动）	shǐ	make
56.	尽量	（副）	jìnliàng	do one's utmost
57.	准确	（形）	zhǔnquè	accurate, exact
58.	生动	（形）	shēngdòng	vivid

三、词语例解　Notes

1. 几乎

"几乎"是副词，表示非常接近某种程度。例如：

The adverb 几乎 means "almost", e.g.

他激动得几乎说不出话来。

他们两个人对这句诗的修改意见几乎完全一样。

这个村子的变化太大了，这次我回来，几乎很多地方都不认识了。

2.　关于

用"关于"构成的介宾结构，表示关联、涉及的范围、方面或内容，可作定语、状语。作状语时，要放在主语前面。例如：

关于 is used to form a P-O construction as an attributive or an adverbial adjunct indicating the scope, aspect or content of an action. When it is used as an adverbial adjunct, the P-O construction is placed before the subject, e.g.

他作了一个关于汉语语法的学术报告。

关于历史人物的研究，我们下一次再讨论。

我看了那篇《关于如何正确使用标点符号》的文章。

3. 其中

"其中"的意思是"那里边"，"其"复指已经提到过的人或事物。例如：

其中 means "among which (whom)", in which 其 refers to the person or thing mentioned before, e.g.

北京有很多有名的公园，颐和园就是其中之一。

这个工厂一共有一千人，其中女同志占百分之八十。

4. 也许

副词"也许"表示不很肯定，可以放在动词前，也可以放在主语前。例如：

The adverb 也许 used before the verb or the subject, means "perhaps", "maybe", e.g.

你们也许还没看过这个电影吧？

他也许明天来，也许后天来。

5. 一时

"一时"的意思是在事情发生的那一短暂时间内，可以作定语或状语。例如：

一时 can be used as an attributive or adverbial adjunct to
show the shortness of time in which sth. happened, e.g.

作工作不能只靠一时的热情。

大娘看着小刘把粮食给她送到家里来，一时
感动得说不出话来。

6．同时

"同时"常用的意思有两个：

同时 carries the following two common meanings:

A．表示同一个时候。例如：

Indicating the same time, e.g.

我们两家是同时搬进新楼的。

老师在讲新课的同时，总要复习旧课。

B．表示"进一步"，有"并且"的意思。例如：

Indicating 进一步 (further)，并且 (moreover)，e.g.

他是我的老师，同时也是我的朋友。

他是一个工人，同时也是一个运动员。

7．乱

"乱"是形容词，表示没有秩序，没有条理。例如：

乱 is an adjective meaning "disordered", e.g.

我写得很乱，你看得清楚吗？

书架上的书摆得很整齐，一点儿也不乱。

"乱"作状语时，表示任意、随便。例如：

When it is used as an adverbial adjunct, 乱 means "at will",
"random", e.g.

报纸和杂志看完了，不要乱放，要放在书架上。

没用的纸不要乱扔。

四、近义词例解 Synonym Study

关于 对于 对

A. "关于"表示关联、涉及的事物；"对于"是指出对象。下面句子里的"关于"都不能换成"对于"。例如：

关于 refers to the thing related to or involved with while 对于 indicates the object of an action. So, 关于 cannot be replaced by 对于 in the following sentences:

中国古代寓言里，关于蛇的故事很多。

关于要从实际出发的问题，他们准备讨论一次。

他读的中文小说很多，有关于中国历史的，也有关于农村改革（gǎigé, reform）的。

下面句子里的"对于"都不能换成"关于"。例如：

对于 cannot be replaced by 关于 in the following sentences:

我想知道你对于这个问题的意见。

汉字对于某些国家的留学生是比较难的。

有时，同样一个句子，可以用"关于"，也可以用"对于"。用"关于"时，侧重说明在哪个范围内，或在哪方面；用"对于"时，侧重于指出说明的对象。例如：

Sometimes. either 关于 or 对于 can be used in the same

sentence, but 关于 emphasizes the scope of an action while 对于 emphasizes the object of an action, e.g.

对于
关于 这个问题，他们都谈了自己的想法。

关于
对于 唐代诗人贾岛的情况，我知道的不多。

B．由"关于"构成的介词结构，可以作书名或文章、报告的题目，"对于"不能这样用。例如：

The P-O construction formed of 关于 can be used as a title of a book, an article or a report, but 对于 does not function like this, e.g.

昨天我看了一篇文章——《关于诗人贾岛》。

"关于…"可以放在"是…的"格式里作谓语，"对于…"不能。例如：

关于 can be inserted in a 是…的 construction, but 对于… cannot, e.g.

那篇文章的内容是关于什么的？

马老师作的报告是关于教学方法的。

"对于"和"对"很相近，凡是用"对于"的地方都可以换成"对"，但是"对"有两个意思是"对于"所没有的：

对于 and 对 are similar, so 对于 can be replaced by 对, but 对 carries two meanings which 对于 does not possess:

A．"对"有时有"向"或"跟"的意思。例如：

Sometimes 对 means 向 (to) or 跟 (with), e.g.

124

她对我笑了笑说："没关系，别客气！"

你对我说，明天她要跟代表团出国了。

B. "对"有"对待"的意思。例如：

对 means 对待 (treat), e.g.

他们对我们很热情。

哈尼族的姑娘对过路的人怎么样？

以上两种情况，"对…"只能放在主语后边。

In the above two cases, 对… can only be placed after the subject.

五、练 习 Exercises

1. 熟读下列词组并且用带着重号的词组造句：

敲门　　　　　　反复修改

敲窗户　　　　　反复论讨

敲桌子　　　　　反复考虑

敲了几下儿　　　反复研究

门敲不开　　　　反复推敲

门敲错了

修改文章　　　　比较研究

修改小说　　　　认真比较

修改计划（jìhuà, plan）反复比较

修改了几次　　　比较两个句子

修改得很好　　　比较了几种方法

2. 用"几乎"改写下面的句子:
    (1) 听到这个消息,他高兴得快要跳起来了。
    (2) 这个村子的变化太大了,很多地方我都快不认识了。
    (3) 这儿的人我差不多都问了,他们都不知道这个情况。
    (4) 对这个问题,我们两个人的意见差不多一样。
    (5) 那本关于唐诗的书还在我这儿,你要是不说,我都忘记了。

3. 完成句子:
    (1) 北京有不少公园,＿＿＿＿＿＿。（其中）
    (2) 早上,我们遇着一群背竹筒的姑娘,＿＿＿＿＿＿。（其中）
    (3) 这几个标点符号我还掌握不好,＿＿＿＿＿＿。（其中）
    (4) 这个诗人写过很多篇诗,＿＿＿＿＿＿。（其中）
    (5) 他屋子里的东西整齐极了,＿＿＿＿＿＿。（乱）
    (6) 书架上的书刚放好,＿＿＿＿＿＿。（乱）
    (7) 这篇文章我写完了,但是＿＿＿＿＿＿恐怕你

看不清楚。（乱）

(8) 这是一座有名的古代建筑，我们参观的
时候要特别注意，＿＿＿＿＿。（乱）

4. 选词填空：

关于　　对于　　对

(1) 今天的课讲的是＿＿＿＿标点符号的用
法。

(2) ＿＿＿＿这个问题，现在先不作决定，以
后再讨论。

(3) 你＿＿＿＿这个问题有什么意见，我们很
想听一听。

(4) 那儿的人＿＿＿＿我们都很热情。

(5) ＿＿＿＿这方面的情况，他已经＿＿＿＿我
说过了。

(6) 这本书是＿＿＿＿几个有名的诗人刻苦努
力、反复修改诗句的故事。

(7) 我说的这件工作，＿＿＿＿他一点儿也不
困难。

(8) ＿＿＿＿这个问题，我们准备再研究一
次。

一时　　同时

(9) 我们＿＿＿＿从这儿出发，看谁先到那
儿。

（10）说汉语的时候，必须注意语法，但是
_____ 也应该注意发音和声调。

（11）由于 _____ 的激动，他几乎忘记自己
是在什么地方了。

（12）韩愈是个大官，_____ 也是一个有名
的诗人。

（13）贾岛骑着驴撞到大官的面前，才发现自
己闯了祸，_____ 不知道怎么办才好。

（14）写文章的时候，我们在想到句子意思的
_____，还应该考虑到怎样表达得更准
确、更生动。

5. 根据课文回答问题：

（1）贾岛常常怎么样作诗？

（2）有一次，他在路上闯了什么祸？

（3）贾岛是为什么闯祸的？

（4）贾岛闯了祸，韩愈生气了吗？为什么？

（5）"推敲"这个词是怎么来的？

6. 阅读短文并且复述：

李贺（Lǐ Hè）是唐代有名的诗人，他从小
时候起，就很喜欢作诗。十几岁的时候，他几乎
每天都要作诗。他常常是一边骑着驴，一边想着
诗句。诗句想好了，就马上记下来。每次写完诗
以后，都要大声地念几遍。对于每一句诗，每一

个词，都要反复推敲，反复修改，一直到觉得每个句子都很好了，才把诗放起来。

有一年夏天，李贺到京城去访问有名的诗人韩愈。正巧韩愈刚从很远的地方回来。那一天天气特别热，韩愈觉得又累又困（kùn, sleepy），很想马上睡觉，就想让人告诉来访问的人明天再来。可是当他听说来的是个青年，而且带来一本诗请他修改的时候，不由得立刻叫人把那本诗拿了过来。哪知道韩愈刚看了一句，马上从床上坐起来，嘴里不停地说："好诗，真是好诗啊！"没等他把诗看完，立刻就让人把这位诗人请了进来。这时候，他一点儿也不觉得困了。

韩愈一看，来的人是李贺，十分高兴。原来韩愈很早就认识李贺。那是在李贺七岁的时候，韩愈听朋友说七岁的李贺能作诗，他有些不相信。后来，韩愈到了李贺家，让李贺作诗，李贺立刻作出来了，而且作得很不错，韩愈才相信了。

韩愈看看眼前的李贺，又看看桌子上的诗，对李贺说："你已经长大了，诗也写得更好了。以后应该继续努力啊！"

第五十四课 Lesson 54

一、课文 Text

立 论

鲁 迅

我梦见自己正在小学校的讲堂上预备作文，向老师请教立论的方法。

"难！"老师从眼镜圈外斜射出眼光来，看着我，说。"我告诉你一件事：——

"一家人家生了一个男孩，合家高兴透顶了。满月的时候，抱出来给客人看，——大概自然是想得一点好兆头。

"一个说：'这孩子将来要发财的。'他于是得到一番感谢。

"一个说：'这孩子将来要做官的。'他于是收回几句恭维。

"一个说：'这孩子将来是要死的。'他于是得到一顿大家合力的痛打。

"说要死的必然，说富贵的许谎。但说谎的

得好报，说必然的遭打。你……"

"我愿意既不谎人，也不遭打。那么，老师，我得怎么说呢？"

"那么，你得说：'啊呀！这孩子啊！你瞧！多么……。阿唷！哈哈！Hehe! He, hehehehe!'"

（一九二五年七月八日。）

二、生词 New Words

1. 立论		lì lùn	set forth one's views
2. 鲁迅	（专）	Lǔ Xùn	*a famous modern Chinese writer*
3. 梦	（动、名）	mèng	dream
4. 讲堂	（名）	jiǎngtáng	教室
5. 预备	（动）	yùbèi	准备
6. 作文		zuòwén	write a composition
7. 请教	（动）	qǐngjiào	consult, ask for advice
8. 眼镜	（名）	yǎnjìng	glasses, spectacles
9. 圈	（名）	quān	frame, circle
10. 斜射	（动）	xiéshè	look sideways
11. 眼光	（名）	yǎnguāng	eye
12. 家	（量）	jiā	"人家"的量词

13. 生	（动）	shēng	give birth to	
14. 合家		héjiā	全家	
15. 透顶	（形）	tòudǐng	极了	
16. 满月		mǎnyuè	(of a baby) one month old	
17. 自然	（形、名）	zìrán	natural; nature	
18. 兆头	（名）	zhàotou	sign	
19. 将来	（名）	jiānglái	future	
20. 发财		fācái	make a fortune	
21. 番	（量）	fān	*a measure word for number of times, turns, etc.*	
22. 恭维	（动）	gōngwéi	flatter	
23. 顿	（量）	dùn	*a measure word for meals, beatings, etc.*	
24. 合力	（动）	hélì	join forces	
25. 痛	（副）	tòng	severely, bitterly	
26. 打	（动）	dǎ	beat	
27. 必然	（形）	bìrán	inevitable, be bound to	
38. 富贵	（形）	fùguì	rich and honourable	
29. 许	（动）	xǔ	promise	
30. 谎	（名）	huǎng	lie	

31.	好报	（名）	hǎobào	be amply rewarded
32.	遭	（动）	zāo	meet with, suffer
33.	既…也…		jì…yě…	both… and…
34.	得	（能、动）	děi	have to
35.	瞧	（动）	qiáo	看
36.	啊呀	（叹）	āyā	*an interjection*
37.	阿唷	（叹）	āyō	*an interjection*

三、词语例解 Notes

1. 梦

"梦"是动词，也是名词。动词"梦"在句中总要带着结果补语"见""到"等。名词"梦"作宾语时，动词要用"作"。例如：

梦 is a verb, and a noun as well. The verb 梦 usually takes the complement 见 or 到 after it in a sentence, and when the noun 梦 is used as an object, its verb must be 作, e.g.

他梦见他和几个朋友到树林里去玩儿了。

昨天夜里我梦到了十几年没见的老朋友。

我今天很高兴，夜里一定会作一个好梦。

2. 正在小学校的讲堂上预备作文

"上"用在名词后可以指范围，有时相当于"里"。例如：

上 used after a noun is sometimes equal to 里 indicating the scope of sth., e.g.

老师在讲堂上讲的内容比书上的多。

今天报上有不少好消息。

世界上有很多有名的科学家。

他在会上表示同意大家的意见。

"上"有时还可以指方面。例如：

Sometimes 上 also refers to a certain respect, e.g.

他在音乐上下了很大功夫。

领导上正在考虑我们提出的要求。

你们在学习上或者生活上有没有困难？

3. 请教

"请教"是请求别人指教的意思。后面常常带双宾语，或者在前边用"向…"指明请教的对象。例如：

请教 means "consult", "ask for advice". It often takes double objects, or uses 向… to show the person who is consulted, e.g.

我想请教您一件事。

我想向您请教一下，中国唐代有哪些最有名的诗人？

4. 自然

形容词"自然"有两个意思，常作状语。

The adjective 自然 often used as an adverbial adjunct, carries two meanings:

A. 自由发展，不经人力干预。例如：

Developing freely without interference from outside, e.g.

我的病不用吃药，休息一、两天自然会好。

先别问，你跟我走吧，到了那儿自然会明白的。

B． 表示理所当然。例如：

Meaning "a matter of course", e.g.

只要努力学习，自然会取得好成绩。

春天一到，天气自然就暖和了。

"自然" 还有不呆板、不勉强的意思，这时 "自然" 要读轻声。例如：

自然 also means "not rigid", "not do with difficulty". Here 自然 is pronounced in the neutral tone, e.g.

她表演得很自然，一点儿也不紧张。

名词 "自然" 是自然界的意思。例如：

The noun 自然 means "nature", e.g.

我爱大自然。

刮风、下雨、下雪……都是自然现象。

5． 番

"番" 和 "遍" "次" 相近，作为动量词，一般只与数词 "一" 结合。用于需要时间较多、费力较大或过程较完整的行为。例如：

番 is similar to 遍 and 次, used as a verbal measure word, usually combined with the numeral 一. 番 applies more to actions which take much time or a lot of effort or have a complete course of development, e.g.

他们调查研究了一番，才把问题弄清楚。

诗人推敲了一番，最后才决定用哪个词。

"番" 也可以用在名词前。例如：

番 also can be used before a noun, e.g.

青年人应该干出一番事业来。

听了他讲的这番道理，我们都很受感动。

6．顿

量词"顿"有"次"的意思，用于吃饭、打、骂、斥责、劝说等动作。例如：

The measure word 顿 means 次 used for actions like eating, beating, scolding, rebuking, persuading etc., e.g.

我们每天吃三顿饭：早饭、午饭、晚饭。

那个小偷被人抓住打了一顿。

7．必然

"必然"可以作定语、状语，也可以用于"是…的"格式。例如：

必然 can be used as an attributive or adverbial adjunct, and it also can be used in 是…的 construction, e.g.

这两件事没有必然的联系。

不按照实际情况办事，必然要犯错误。

8．我愿意既不谎人，也不遭打

"既…也…"表示同时具有两个方面的性质或情况，连结两个动词短语或形容词短语，后一部分表示进一步补充说明。例如：

既…也… is used to connect two verbal or adjective phrases to mean "both ... and ...", and the second part shows a further explanation or complement, e.g.

他既是我的朋友，也是我的老师。

他既不懂英语，也不懂法语，我们只能用汉语谈话。

136

9. 得

能愿动词"得"有两个意思：

The auxiliary verb 得 carries two meanings：

A. 表示必要，有"应该""必须""需要"的意思，否定式是"不用""用不了"等。例如：

Meaning 应该 (must) 必须 (have to) or 需要 (necessary), whose negative form is 不用 or 用不了, e.g.

咱们得快点儿走了，车要开了。

老大娘说："我真得好好儿谢谢你，你帮我干了那么多活。"他说："不用谢，这是我应该作的。"

修好这辆车得两天吧？

——用不了，一天就够了。

B. 表示必然，有"一定会"的意思，否定式是"不会"。例如：

Meaning "will certainly be", whose negative form is 不会，e.g.

外边雨还没停，你要是现在走，就得把衣服淋湿。

——不会的，路很近，我一跑就到。

这只狗再不吃东西，就得饿死。

四、练习 Exercises

1. 用下面的词组造句：

(1) 杂志上　　　　(2) 工作上

（3）　经济上　　　（4）　社会上

（5）　主观上　　　（6）　技术上

（7）　国际上　　　（8）　历史上

2. 用下面的词组和加在句尾的语气助词"的"造句：

例：　能　作好

只要大家努力，这件工作一定能作好的。

（1）会　　完成

（2）能　　成功

（3）要　　解决

（4）不会　忘记

（5）一定　生气

3. 选词填空：

自然　必然

（1）我很喜欢这个演员，他演得非常＿＿，跟真的一样。

（2）这儿的风景是＿＿＿＿美，画下来一定不错。

（3）只凭自己的主观想法判断一件事，＿＿＿＿会犯错误，这一点儿也不奇怪。

（4）你先别着急，到时候我＿＿＿＿会告诉你。

（5）你说的这种情况跟我说的没有什么＿＿＿＿联系（liánxi, to contact）。

（6）要照相了，大家站好，＿＿＿＿一些，笑一笑，好！

(7) 我猜得不错，情况_____会是这样。

(8) 你不用担心，这点儿伤不用治，三天以后_____会好的。

　　　番　遍　次　顿

(9) 我把我写的那篇文章又从头看了一_____。

(10) 青年人谁不想将来作出一_____事业来。

(11) 今天就谈到这儿吧，有问题下_____再来向您请教。

(12) 我们只在他那儿吃了一_____饭，住了一夜，第二天就走了。

(13) 孩子作错了，应该好好教育，打他一_____，又有什么用呢？

(14) 要想成功，就得不怕困难。一_____ _____，两_____，三_____，不断地试下去，总会有结果的。

(15) 你的话我没听清楚，请你再说一_____好吗？

4. 用"既…也（又）…"完成句子：

(1) 这张画儿上画的_____，让人看不出是什么。

（2）一个好演员＿＿＿＿＿＿，因此得刻苦练习。

（3）解决这个问题，他＿＿＿＿＿＿，怎么能不犯错误呢？

（4）贾岛在大街上遇到韩愈，＿＿＿＿＿＿。

（5）这样一改，句子＿＿＿＿＿＿，比以前好多了。

5. 把下面句子里的"得"（děi）改成别的词，使句子的意思不变：

（1）关于这个问题，我得向你请教。

（2）要想上课时回答得好，上课前得认真进行准备。

（3）这个办法不好，将来得改一改。

（4）在那样的社会，不说谎就得遭打，好人反而不得好报。

（5）想去那儿学习的人，得先进行一次考试。

（6）这件事我一个人决定不了，我们几个还得研究研究。

（7）如果他知道了这个情况，得不高兴。

（8）天气不好，看样子得下雨。

6. 用自己的话说一说本课课文的内容。

7. 读下列对话：

A：你们正在学习什么课文？

B：我们正在学《立论》。

A：这篇文章是谁写的？

B：是中国有名的作家鲁迅写的。

A：鲁迅的文章不太好懂吧？

B：是啊，鲁迅生活在旧中国，当时的社会环境非常坏，因此有时候鲁迅只能用一些特别的表达方法。读鲁迅的文章，很多地方必须认真地想一想，推敲推敲，才能明白作者的意思。

A：你刚才说鲁迅是"作家"，又说是"作者"，这两个词一样不一样？

B：作家说的是，写过一些书，在社会上比较有名，在文学（wénxué，literature）上成绩很大的人。作者说的是，写某一篇文章或某一本书的人，也就是说，某一篇文章或者某一本书是由谁写的。

A：有时候遇到一些词，汉字都认识，可是意思并不一定都清楚。

B：是有这样的情况。汉语里的字，有时候同时也是词，有的不是词，跟别的字在一起才能组成一个词。

A：汉语里词的组成，有没有一定的规律（guīlǜ，law）呢？

B：有的。汉语里多数词是由两个字组成的，但是词的意思往往跟组成某个词的字有一定关系。例如（lìrú, for example）"课堂"这个词，"课"是上课的课，"堂"是进行某种活动的屋子。"课堂"说的是教室和在教室里进行的教学活动。

A："课堂"和"教室"有什么不一样呢？

B："教室"只说的是上课的屋子，因此可以说"课堂讨论"，不能说"教室讨论"。

A：看起来为了掌握汉语的词，还要多用一些功夫。

B：对，是这样。

第五十五课　Lesson 55

一、课 文　Text

我　真　傻

李玉明是公共汽车公司的司机。他年龄不大，人却老实，工作肯干，技术也全面。售票员小王是个热情开朗的姑娘，她跟小李跑一辆车，工作上两个人配合得挺好。

小李参加工作的时间早一些，休息的时候又常教小王开车，所以小王总喜欢叫他"小师傅"。一次，小李修车修到晚上十点多，连吃饭都忘了。小王知道了，就给他送来了热饭、热菜，那是小王在家里亲手作的。李玉明觉得，虽然小王比他小两岁，可是在生活上处处关心他，倒象是他的大姐姐。

一个星期六的下午，下了班，在回家的路上，小王叫住小李，对他说：

"喂，小师傅，给你介绍个女朋友怎么样？"

小李觉得有点儿怪，心想："这个小王，自己还没有男朋友，倒先给我介绍起女朋友来了。"这样想着，嘴里随口问道：

"是谁？哪个单位的？"

"见了面你就知道了。明天上午十点在东湖公园门口……"话没说完她就骑上车走了。

第二天，小李换了件衣服，九点多钟就到公园门口去等。过了一会儿，小王来了。她笑着问：

"你来得真早，几点来的？"

"我也刚到。"

小李向周围看了看，见只有小王一个人，心想："她给我介绍的女朋友在哪儿呢？"可是又不好意思问，便跟着小王进了公园。

他们沿着湖，一边走一边谈。谈到找朋友，小王问：

"小师傅，你想找个什么样的人呢？"

"当然要找个生活上能够互相关心，工作上能够互相帮助的人。"

"你自己条件不错，又肯帮助同志，怎么到现在还没个朋友呢？"

"嘿嘿……"小李笑了笑，不知道该怎么回答，"工作一紧张，也就顾不上这些事了。"

144

"人不仅要会工作，而且也应该会生活啊！"

他们继续走，继续谈，越谈话越多，越谈越觉得互相了解得深。两个人正谈得起劲，背后突然跑过来一个男孩儿问小李：

"叔叔，几点了？"

小李看了看表说："快十二点了。"

这时小李才想起来，他是来跟小王介绍的女朋友见面的。他不好意思地搓了搓手，说：

"小王，我们谈了这么长时间，你给我介绍的那个人怎么还没来？"

小王笑了笑，脸一红：

"你这个人，真是……"

这时候，小李才注意到，站在面前的小王，今天打扮得特别漂亮，身上穿一件浅颜色镶金边儿的连衣裙，眼睛里闪着不平常的光。小李心里一热：

"啊！我真傻……"

二、生词 New Words

1. 李玉明　　（专）　Lǐ Yùmíng　name of a person
2. 公司　　　（名）　gōngsī　company
3. 司机　　　（名）　sījī　driver
4. 年龄　　　（名）　niánlíng　年纪
5. 肯干　　　（形）　kěngàn　hard-working
6. 肯　　　（能动）　kěn　be willing to
7. 全面　　　（形）　quánmiàn　overall
8. 售票员　　（名）　shòupiàoyuán　conductor, conductress
9. 开朗　　　（形）　kāilǎng　open, frank, cheerful
10. 跑（车）　（动）　pǎo (chē)　work (on a bus, train)
11. 配合　　　（动）　pèihé　cooperate with
12. 挺　　　　（副）　tǐng　很
13. 师傅　　　（名）　shīfu　a respectful form of address for a worker
14. 修　　　　（动）　xiū　修理
15. 菜　　　　（名）　cài　dish, vegetable

16.	亲手	（副）	qīnshǒu	with one's own hand
17.	处处	（副）	chùchù	everywhere
18.	倒	（副）	dào	unexpectedly
19.	下班		xià bān	get off work
20.	班	（名）	bān	shift, duty
21.	喂	（叹）	wèi	hey, hello
22.	怪	（形）	guài	奇怪
23.	随口	（副）	suíkǒu	(speak) without thinking
24.	见面		jiàn miàn	meet
25.	东湖公园	（专）	Dōnghú Gōngyuán	East Lake Park
26.	周围	（名）	zhōuwéi	around, round
27.	不好意思		bù hǎoyìsi	feel embarrassed, shy
28.	便	（副）	biàn	就
29.	沿	（介）	yán	along
30.	湖	（名）	hú	lake
31.	能够	（能动）	nénggòu	能
32.	嘿嘿	（象声）	hēihēi	*onomatopeia*
33.	顾	（动）	gù	attend to
34.	不仅	（连）	bùjǐn	不只是
35.	起劲	（形）	qǐjìn	in high spirits

36.	背后	（名）	bèihòu	behind sb.'s back
37.	突然	（形、副）	tūrán	suddenly
38.	搓	（动）	cuō	rub (one's hands)
39.	打扮	（动）	dǎban	dress up
40.	浅	（形）	qiǎn	light
41.	镶	（动）	xiāng	inlay
42.	金边儿	（名）	jīnbiānr	golden lace
43.	连衣裙	（名）	liányīqún	a woman's dress
44.	闪	（动）	shǎn	shine, flash
45.	光	（名）	guāng	light

三、词语例解　Notes

1. 肯

"肯"是能愿动词，表示主观上乐意，或表示接受要求。例如：

The auxiliary verb 肯 indicates willingness followed by actual action, e.g.

他虽然只学了半年汉语，但是，由于他肯努力，所以汉语说得非常好。

我们请他来，他怎么也不肯来。

语言环境清楚时，后面的动词或动词短语可以省略。例如：

When the context is clear, the verb or verbal phrase after 肯 can be omitted, e.g.

148

我们劝他休息一会儿，他不肯。

我请她念一念她写的诗，她不肯。

2. 小王

在日常生活中，对比较熟悉的同志，年龄比较小的，可以用"小"加上姓来称呼，表示亲切；年龄比较大的，可以用"老"加上姓来称呼，表示亲切和尊敬。例如："小王""小李""老张""老马"等。

小 is affectionately used before a person's surname as a form of address for young people. But for old people, 老 is used instead, e.g. 小王，小李，老张，老马 etc.

3. 她跟小李跑一辆车

动词"跑"意思很多，这里表示公共汽车的司机、售票员或者火车的乘务员等在车上工作。例如：

The verb 跑 carries many meanings. Here it means that the driver and the conductor (conductress) work on the bus, e.g.

小张原来跑北京站到动物园(dòngwùyuán, zoo)，从明天起他要跑动物园到颐和园了。

小丁在火车上工作了两年,他一直跑北京到上海这条线（xiàn, route）。

4. 亲手

"亲"有"自己"的意思。"亲"跟表示身体某一部分的词如："手""眼""耳""口"等结合在一起，构成副词。"亲手""亲眼""亲耳"等强调自己的直接经验，"亲口"则表示出于本人的嘴。例如：

亲 implies 自己. 亲 plus 手，眼，耳，etc. makes an adverb to emphasize one's own personal experience, e.g.

这件衣服是她亲手做的。

这件事是我亲眼看见的。

我亲耳听见他唱英文歌了，他还说不会。

他亲口告诉我，明天他一定到你这儿来。

5. 倒

"倒"表示跟一般情理或预料相反，大都表示比预料的情况更好一些。例如：

倒 indicates that sth. brings about an effect which is exactly opposite to what ought to be the case. The effect is usually better than one expected, e.g.

他的屋子不大，倒很干净。

这篇文章不长，内容倒很丰富。

这本词典不大，收的词倒不少。

6. 不好意思

"不好意思"的主要意思和用法如下：

不好意思 functions as follows:

A. 有"害羞"的意思。例如：

Meaning "shy", e.g.

在那么多人面前唱歌，她觉得不好意思。

他被大家笑得很不好意思起来。

B. 有"碍于情面，不便或不肯"的意思。例如：

Meaning "feel it improper (to do sth.)", e.g.

大家几次来请他，他不好意思不去。

我问了两次他都没听清楚，就不好意思再问了。

150

"不好意思"的肯定形式是"好意思"，多用于反问句。例如：

The affirmative form of 不好意思 is 好意思 mostly used in a rhetorical question, e.g.

他工作那么忙，我好意思请他帮助我吗？

7．沿着

介词"沿"后加名词表示经过的路线，"沿"后可加"着"。例如：

The preposition 沿 plus a noun indicates the route one passes through. 沿 can be followed by 着, e.g.

沿河边种了很多树。

沿着马路往前走，不远就是邮局。

"沿"加单音节名词，表示处所。多用于"是"字句、"有"字句等。例如：

沿 plus a monosyllabic noun indicates a location. It is mostly used in the sentence with 是 or 有 etc., e.g.

沿湖都是花，风景美（丽）极了。

沿街有不少商店，非常热闹。

8．…也就顾不上这些事了

"顾不上"是一个动补结构，意思是没有时间或精力顾及某事。它的肯定形式是"顾得上"。例如：

顾不上 is a verb-complement construction to indicate that one does not have any time or energy to do sth. Its affirmative form is 顾得上, e.g.

李大夫刚回家，顾不上吃晚饭，又出去给人看病去了。

因为时间太紧，我顾不上去看他就走了。

9. 突然

形容词"突然"表示情况发生得急促而且出人意料。可以受"很""太""非常""特别"等修饰。例如：

The adjective 突然 means "sudden" which can be modified by 很，太，非常 and 特别 etc., e.g.

事情的变化太突然了。

他本来身体很好，这次病得非常突然。

副词"突然"作状语，所修饰的动词、形容词的前边或后边要有其他成分。例如：

The adverb 突然 is used as an adverbial adjunct to modify a verb or an adjective before or after which another element is needed, e.g.

公共汽车突然一停，车上的人几乎摔倒。

电灯突然亮起来了。

四、近义词例解 Synonym Study

1. 肯 愿意

"肯"和"愿意"都是表示心里状态的能愿动词。"肯"表示由于情势的需要，或者由于别人的要求，自己同作某件事。例如：

Both 肯 and 愿意 are auxiliary verbs, used to show a person's psychological state. 肯 indicates that one agrees to do sth. owing to a certain situation or sb.'s demands, e.g.

只要对人民有利。他什么都肯干。

老李很热情，别人有困难，他都肯帮忙。

"愿意"表示某一事符合自己的心愿。例如：

愿意 indicates that sth. satisfies one's wish, e.g.

你愿意不愿意去上海旅行？

今天晚上有足球赛，谁愿意去看？

用于否定句中，"不肯"表示不同意这样作，所以常常是并没有作。"不愿意"表示一个人不喜欢做某件事，这件事也可能作了，也可能没作。

In a negative sentence, 不肯 indicates that one does not agree to do sth., so the thing usually has not been done; 不愿意 indicates that one does not like doing sth., so the thing might have been or might not have been done.

2. 突然　忽然

"突然"与"忽然"比较，有以下两点不同：

The differences between 突然 and 忽然 are as follows:

A. "突然"是形容词，也是副词；"忽然"只是副词。因此，"突然"作为形容词的各种用法"忽然"都没有。

突然 is an adjective, and an adverb as well, but 忽然 is only an adverb. So, 忽然 does not carry all the meanings which the adjective 突然 carries.

B. 副词"突然"和"忽然"都表示情况发生得迅速而且出人意料，在句中一般可以互换。例如：

As an adverb, both 突然 and 忽然 mean "suddenly", so they can be replaced by each other in a sentence, e.g.

没吃什么药，病 突然/忽然 就好了。

$$他跑着跑着\genfrac{}{}{0pt}{}{突然}{忽然}停住了。$$

但是，"突然"比"忽然"更强调情况发生得急促和出人意料。

Moreover, as compared with 忽然, 突然 lays more emphasis on emergency and unexpectedness.

五、练 习 Exercises

1. 用所给的词语按照下边的例子造句：

例：　热饭　热菜　亲手

　　这些热饭热菜是小王亲手作的。

(1)　这件连衣裙　　亲手

(2)　这封信　　亲手

(3)　这个消息　　亲口

(4)　到农村去访问　　亲眼

(5)　风停了　　倒

(6)　想走近路　　倒

(7)　打扰张老师　　不好意思

(8)　工作那么忙　　不好意思

(9)　沿着山路　　开

(10)　沿河　　风景很美

(11)　时间太紧　　顾不上

(12)　工作很忙　　顾不上

154

2. 模仿下边的例子，用"住"作结果补语回答问题：

例：在回家的路上，小李为什么不走了？
在回家的路上，小王叫住了小李。

(1) 刚才你手里拿的杯子怎么摔了？

(2) 这本小说的作者是谁？

(3) 你看见山上的那间草屋了吗？

(4) 今天晚上为什么没有月光？

(5) 贾岛遇到韩愈以后还继续往前走吗？

(6) 孩子要过马路，忽然开过来一辆汽车，他该怎么办？

3. 用复合趋向补语"过来""过去"完成句子：

(1) 小李和小王正谈得起劲，忽然 ＿＿＿＿。

(2) 一辆大汽车从我旁边 ＿＿＿＿＿。

(3) 代表团一到工厂，厂长就 ＿＿＿＿＿。

(4) 前边那个人很象哈利，他 ＿＿＿＿＿。

(5) 那个小孩子摔倒了，我赶紧 ＿＿＿＿＿。

(6) 我和小王赛跑，虽然小王跑在前面，但是我＿＿＿＿＿。

4. 选词填空：

肯　愿意

(1) 由于他 ＿＿＿＿＿ 努力，很快就掌握了这种技术。

(2) 明天晚上有足球比赛，我这儿还有一张票，你_____去看吗？

(3) 我知道他对这件事有意见，可是我问了几次，他都不_____说。

(4) 虽然他不_____来参加我们的讨论，但是最后还是来了。

突然　忽然

(5) 我正在翻译一篇小说，_____有人敲门。

(6) 事情的变化太_____了，我真没想到。

(7) 上午的天气还很好，下午_____下起雨来了。

(8) 这个消息来得很_____，我们都不太相信。

5. 把本课课文改成小话剧。

6. 阅读下边的短文并复述：

一　张　照　片

她的丈夫被南方的一所大学录取为研究生了。

"大喜呀！"谁见了都这么说。

喜，自然是喜，可是她的心情却很复杂。

人总是有变化的。从一个工人变成研究生，谁知道他心里是怎么想的？接到录取通知书这么多天了，一句热情的话也没跟她说过，以后会怎么样呢？他还喜欢她这个普通女工吗？

为了让丈夫休息好，这几天家里的事她一点儿也不让他干。明天丈夫就要走了，她给丈夫整理东西，可是他只顾在一边抱着孩子玩儿，对她一点儿也不注意，她心里很不高兴。

孩子睡着了。他说："别忘了，给我带上一张儿子的照片。"

她想：果然他心里只有他的儿子。

她拿出相片本子，一页一页地翻起来。他坐在她身边，她故意躲开一点。

她指着一张儿子不到一岁的照片说："带这张吧！"他摇摇头。

"这张怎么样？"这是一张儿子两岁时坐在爸爸身上的照片。"不带这张。"他摇着头说。

她又翻了一页，一张儿子坐在他们中间的照片，三个人都笑得很自然。他看着这张照片笑了，说："带这张，我们一家三口永远在一起！"

她也笑了，笑得那么甜。

第五十六课 Lesson 56

一、课 文 Text

海 上 日 出

巴 金

为了看日出，我常常早起。那时天还没有大亮，周围很静，只听见船里机器的声音。

天空还是一片浅蓝，很浅很浅的。转眼间，天水相接的地方出现了一道红霞。红霞的范围慢慢扩大，越来越亮。我知道太阳就要从天边升起来了，便目不转睛地望着那里。

果然，过了一会儿，那里出现了太阳的小半边脸，红是红得很，却没有亮光。太阳象负着什么重担似的，慢慢儿，一纵一纵地，使劲儿向上升。到了最后，它终于冲破了云霞，完全跳出了海面，颜色真红得可爱。一刹那间，这深红的圆东西发出夺目的亮光，射得人眼睛发痛，它旁边的云也突然有了光彩。

有时候太阳躲进云里。阳光透过云缝直射到

水面上，很难分辨出哪里是水，哪里是天，只看见一片灿烂的亮光。

有时候天边有黑云，而且云片很厚，太阳升起来，人就不能够看见。然而太阳在黑云背后放射它的光芒，给黑云镶了一道光亮的金边。后来，太阳慢慢透出重围，出现在天空，把一片片云染成了紫色或者红色。这时候，不仅是太阳、云和海水，连我自已也成了光亮的了。

这不是伟大的奇观吗？

二、生词　New Words

1. 日出　　（名）　rìchū　　太阳出来，太阳升起
2. 巴金　　（专）　Bā Jīn　　*a famous modern Chinese writer*
3. 天空　　（名）　tiānkōng　sky

4. …间		…jiān	within a certain time
5. 相接	（动）	xiāngjiē	接在一起
6. 出现	（动）	chūxiàn	appear
7. 道	（量）	dào	*a measure word for rainbow; sometimes for rivers, line, etc.*
8. 霞	（名）	xiá	rosy cloud
9. 范围	（名）	fànwéi	scope
10. 扩大	（动）	kuòdà	expand, enlarge
11. 升	（动）	shēng	rise
12. 目不转睛		mù bù zhuǎn jīng	(look) with fixed eyes
13. 望	（动）	wàng	看
14. …似的	（助）	…shìde	*a structural particle*
15. 负	（动）	fù	carry
16. 重担	（名）	zhòngdàn	heavy burden
17. 纵	（动）	zòng	leap upward
18. 使劲儿		shǐ jìnr	exert strength
19. 冲	（动）	chōng	rush
20. 破	（动、形）	pò	break; broken
21. 云	（名）	yún	cloud
22. （海）面	（名）	(hǎi) miàn	surface

23. 刹那	（名）	chànà	很短很短的时间
24. 发出		fā chū	emit
25. 夺目	（形）	duómù	dazzling
26. 射	（动）	shè	shine
27. 发痛		fā tòng	feel painful
28. 光彩	（名、形）	guāngcǎi	splendour; colour-ful
29. 透	（动、形）	tòu	pass through; tho-rough
30. 缝	（名）	fèng	seam, slit
31. 分辨	（动）	fēnbiàn	distinguish
32. 灿烂	（形）	cànlàn	bright
33. （云）片	（名）	(yún) piàn	(of clouds) layer
34. 然而	（连）	rán'ér	but, however
35. 放射	（动）	fàngshè	emit, radiate
36. 光芒	（名）	guāngmáng	rays
37. 重围	（名）	chóngwéi	encirclement by ring upon ring
38. 染	（动）	rǎn	dye
39. 紫	（形）	zǐ	purple
40. 伟大	（形）	wěidà	great
41. 奇观	（名）	qíguān	miraculous sight

三、词语例解　Notes

1. ……便目不转睛地望着那里

副词"便"表示两件事紧接着发生。例如：

The adverb 便 indicates that sth. immediately follows sth. else, e.g.

送他上了火车，我便回来了。

这几天天气很不好，不是刮风，便是下雨。

2. 红是红得很，却没有亮光

"是"前后用相同的词语，后一分句有"却""但是""可是"等，表示让步，用于转折句。例如：

是 used with the same word on either side of it indicates concession. It is used in conjunction with 却、但是 or 可是 in the latter clause of a transitional complex sentence, e.g.

东西好是好，但是太贵。

他瘦是瘦，可是从来不生病。

"是"后边的词语有时带修饰成分，中心部分与"是"前的词语相同，仍然表示让步。例如：

Sometimes the word after 是 takes a modifier, but it still shows concession, e.g.

便宜是很便宜，但是颜色不好看。

听是听清楚了，可是记不住。

3. 太阳象负着什么重担似的

"似的"常和"象""好象"构成常用格式，"象…似的""好象…似的"意思是"象…一样""好象…一样"。"似"在口语中读 shì。例如：

似的 often used after a word or phrase indicates similarity. It is often used together with 象, 好象 to make 象…似的，好象…似的，meaning 好象……一样。似 is pronounced as *shi* in spoken language, e.g.

玛丽说汉语说得真好，象中国人似的。

东边一片红色，红得象火似的，好看极了。

"似的"有时也可以单用。例如：

似的 sometimes also can be used independently, e.g.

今天天气真好，春天似的，不冷也不热。

4．海面

"面"指事物的表面部分，常与某些名词结合，构成另外一个词。例如："水面""河面""湖面""江面""地面""路面""桌面"等等。

面 refers to the surface of sth. It often takes a noun before it to form another new word such as 水面，河面，湖面，江面，面，路面，桌面 etc..

5．……发出夺目的亮光

动词"发"的意思很多，主要有下列几点：

The verb 发 carries the following major meanings:

A．"发出""交付"的意思，常带名词宾语。例如：

发出 (give out), 交付 (deliver), often taking a noun as its object, e.g.

我刚给他发了一封信，又接到他的信了。

你去把通知发了，咱们系的老师一人一份。

B．"表达""发布"的意思，宾语多为抽象名词。例如：

表达 (express), 发布 (release), often taking an abstract noun as its object, e.g.

他正发着言呢，你等一会儿再叫他吧。

他是个好人，就是爱发牢骚（láosāo, complaint）。

C．"发生""产生"的意思，常带名词宾语。例如：

发生 (happen), 产生 (grow), often taking a noun as its object, e.g.

有一分热，发一分光。

春天来了，小草都发芽（yá, bud）了。

D．"显现出""流露出"，多带动词、形容词宾语。例如：

显现出 (show), 流露出 (reveal), mostly taking a verb or an adjective as its object, e.g.

大家有问题，可以举手发问。

你的脸色发白，是不是不舒服？

人到中年容易发胖。

6．然而

"然而"是一个表示转折的连词，意义、用法跟"但是"基本相同，"然而"多用于书面语。例如：

然而 is a conjunction to show transition. It is similar to 但是, but 然而 is mostly used in written language, e.g.

晚上，风停了，然而雨更大了。

我很喜欢中国文学，然而没很好地研究过。

他虽然学了三年汉语，然而听相声（xiàngshēng, cross talk）还有困难。

7．太阳慢慢透出重围

动词"透"有"穿过""通过"的意思。例如：

The verb 透 means 穿过 (penetrate)，通过 (pass through)，
e.g.

今天真热，打开窗户透透风吧。

透过车窗，可以看见前面的村子。

形容词"透"主要有下边几个意思：

The adjective 透 mainly carries the following meanings:

A．"透彻""清楚"的意思。例如：

透彻 (thorough)，清楚 (clear)，e.g.

道理讲得很透，我们全懂了。

话说透了，事情就好办了。

B．"彻底"的意思，常作结果补语。例如：

彻底 (thorough)，often used as a complement of result,
e.g.

这些苹果已经熟透了。

外边正下着雨，他的衣服都湿透了。

C．"透"在"恨""糟""麻烦"等词后边表示程度很
深。例如：

Used after 恨，糟，麻烦 etc. indicating a high degree,
e.g.

我恨透了那个坏人。

这件事麻烦（máfan, trouble）透了。

四、近义词例解　Synonym Study

就　便

副词"就"表示的意思很多，主要有以下几点：

The adverb 就 carries the following major meanings:

A．表示动作发生得早，"就"前要用时间词语。例如：
Preceded by a word or phrase of time, indicating earliness, e.g.

这个问题以前早就讨论过了．

音乐会七点半开始，他七点就来了。

B．表示两件事紧接着发生。例如：
Indicating that sth. immediately follows sth. else, e.g.

下了课，他就回宿舍了。

接到他的电话，我就到他们学校去了。

C　加强肯定客观事实。例如：
Stressing and confirming the fact, e.g.

他就是丁文的哥哥。

我家就在这条街上，请进去坐坐吧。

D．承接上文，得出结论。前边常有"要是""因为"等。例如：
Drawing a conclusion from the preceding text, used in conjunction with 要是, 因为 etc., e.g.

要是他去，我就不去了。

因为我还有点儿事，就在上海多住了几天。

E．表示很短时间内即将发生，有"马上""立刻"的意思。例如：
Indicating immediate future, like 马上, 立刻, e.g.

你们先走，我就来。

快坐好，球赛马上就开始。

F. 确定范围，有"只"的意思。例如：
Fixing the scope, meaning 只, e.g.

昨天看话剧就他一个人没去。

他们家就一个小孩。

G. 强调数量。"就"重读，表示说话人认为数量少。例如：

Stressing quantity. Emphasizing a small quantity from the speaker's point of view when 就 is stressed, e.g.

我就买了两张票，没多买。

我就五十块钱，恐怕不够用了、

"就"轻读，前边的词语重读，表示说话人认为数量多。例如：

Stressing a large quantity from the speaker's point of view when 就 is pronounced lightly but the words before 就 are stressed, e.g.

参观的人不少，我们班就去了七、八个。

他就讲了半个小时，别人没时间说了。

"便"与副词"就"的前四项用法相同，没有"就"的其他用法。

便 carries the above first four meanrings of the adverb 就, but it does not carry the other meanings of 就.

"便"用于书面语，口语中不用。例如：

便 is used in written language, not in spoken language, e.g.

地上本没有路，走的人多了，也便成了路。

五、练 习 Exercises

1. 熟读下列词组：

深蓝	浅蓝	出现希望
深红	浅红	出现机会
深黄	浅黄	出现问题
深绿	浅绿	出现困难
深紫	浅紫	出现一道红霞

扩大范围	发票
扩大生产	发信
工厂扩大了	通知发下去了
操场扩大了	球发不过去
扩大绿地面积	发出亮光

染布	透风
染衣服	透过车窗
染头发	道理讲得很透
颜色没染上	苹果熟透了
染得太深了	衣服湿透了
染得不好看	

2. 用汉语解释下列各句中带 "·" 的词语：

(1) 转眼间，天水相接的地方出现了一道红霞。

168

（2）我知道太阳就要从天边升起来了，便目不转睛地望着那里。

（3）过了一会儿，那里出现了太阳的小半边脸，红是红得很，却没有亮光。

（4）太阳象负着什么重担似的，慢慢儿，一纵一纵地，使劲儿向上升。

（5）后来，太阳慢慢透出重围，出现在天空。

（6）这不是伟大的奇观吗？

3. 用指定的词语模仿造句：

（1）为了看日出，我常常早起。

（为了…，我常常…）

（2）那里出现了太阳的小半边脸，红是红得很，却没有亮光。　　（…是…，却…）

（3）太阳象负着什么重担似的，慢慢儿，一纵一纵地，使劲向上升。

（象…似的）

（4）阳光透出云缝直射到水面上，很难分辨出哪里是水，哪里是天。（很难分辨出…）

（5）这时候，不仅是太阳、云和海水，连我自己也成了光亮的了。（不仅…，连…）

4. 选词填空：

躲 染 冲 升 使

(1) 月亮 _____ 进云里去，地上没有月光了。

(2) 太阳从海面 _____ 起来了。

(3) 我想把这件衣服 _____ 成紫色的，你看
    好吗？

(4) 去年夏天，大水把桥 _____ 坏了，今年
    春天又修了一座新桥。

(5) 这块石头太重，不 _____ 劲是搬不动
    的。

便 就

(6) 这本小说我很早以前 _____ 看过了。

(7) 车 _____ 要开了，我们赶紧走吧。

(8) 我知道太阳快要升起来了，_____ 目不
    转睛地望着那里。

第五十七课 Lesson 57

一、课文　Text

春　天　的　梦

今年元旦，妹妹寄来一张极好看的满树桃花的明信片，那上面的一句话是我永远不能忘记的："能拾得一瓣桃花，你便寻得整个春天的梦了！"于是，在飘着碎雪的日子里，我便渴望那桃花了。我是多么向往春天，那能带给我美好希望的春天啊！

三月，是桃花含苞的季节。由于工作和学习紧张，始终不能到郊外游春，心里却时时盼望着能得到一瓣、一朵、一枝桃花，想不到今天下班走过第一个路口时，我竟得到一大把含苞的桃花。

一个近郊农民，把筐里一大把桃花枝都给了我，却只收了我两角钱。我蹲在地上，把花一枝一枝整理好，然后把钱递到这位农民的手中。他接过钱，满意地笑了笑说：

"天阴了，我还要去赶汽车。嘿嘿，今天一天卖了二十多块呢！"

我问他从哪里弄来的这些花。

"是自己承包的桃树，剪枝留下来的。"

看着他那满足的笑脸，我不由得也高兴起来。

"你怎么想到拿这些花来城里卖呢？"

"我家邻居是养花的，他们叫我拿这些枝子到城里来卖，说是你们城里人现在时兴插花。"

"噢？"我叫了一声。他一边整理筐一边说：

"真的，买的人还挺多。上午，一对要结婚的青年，一买就是十几把。"他又笑了笑，背起了筐。"我得去赶汽车了，前天因为没赶上车，走路走了二十多里呢！"

看他就要走了，我又连忙问：

"你还进城卖花吗？"

"卖！过两天我再剪一些来卖。"

他转过身，走了，步子迈得那么大，那么快！

我拿着这一大把含苞的桃花枝，看着他的背影渐渐消失在人流中。当我重新骑上了自行车，一滴滴又湿又凉的雨点儿，飞在了我的脸上，也落在了桃花上。

我得到了桃花，我要去寻那整个春天的梦！

二、生词 New Words

1. 元旦	（名）	yuándàn	New Year's Day
2. 极	（副）	jí	extremely
3. 桃	（名）	táo	peach
4. 明信片	（名）	míngxìnpiàn	postcard
5. 永远	（副）	yǒngyuǎn	for ever
6. 拾	（动）	shí	pick up
7. 得	（动）	dé	得到

8.	瓣	（量）	bàn	petal
9.	寻	（动）	xún	找
10.	整个	（形）	zhěnggè	whole
11.	飘	（动）	piāo	float
12.	碎	（形）	suì	broken; fragmentary
13.	渴望	（动）	kěwàng	long for
14.	向往	（动）	xiàngwǎng	yearn for
15.	美好	（形）	měihǎo	fine
16.	含苞	（动）	hánbāo	(of calyx) be in early puberty
17.	始终	（副）	shǐzhōng	always, from beginning to end
18.	郊外	（名）	jiāowài	outskirts
19.	游春	（动）	yóuchūn	春天到郊外去玩儿，旅行
20.	时时	（副）	shíshí	constantly
21.	盼望	（动）	pànwàng	long for, hope
22.	路口	（名）	lùkǒu	the intersection of streets or roads
23.	竟	（副）	jìng	unexpectedly
24.	把	（量）	bǎ	*a measure word*
25.	近郊	（名）	jìnjiāo	outskirts
26.	收	（动）	shōu	accept

27.	蹲	（动）	dūn	squat on one's heels
28.	整理	（动）	zhěnglǐ	put in order
29.	递	（动）	dì	hand over
30.	阴	（形）	yīn	cloudy
31.	承包	（动）	chéngbāo	take responsibility
32.	剪	（动）	jiǎn	cut with scissors
33.	满足	（动）	mǎnzú	feel content
34.	卖	（动）	mài	sell
35.	养（花）	（动）	yǎng(huā)	grow
36.	枝子	（名）	zhīzi	branch
37.	时兴	（动）	shíxīng	come into fashion
38.	噢	（叹）	ō	*an interjection*
39.	对	（量）	duì	pair
40.	里	（量）	lǐ	长度单位，1里等于½公里
41.	步子	（名）	bùzi	step
42.	迈	（动）	mài	step forward
43.	背影	（名）	bèiyǐng	the view of sb.'s back
44.	渐渐	（副）	jiànjiàn	gradually
45.	消失	（动）	xiāoshī	disappear
46.	人流	（名）	rénliú	a flow of people

47. 重新	（副）	chóngxīn	anew
48. 凉	（形）	liáng	cool
49. 雨点儿	（名）	yǔdiǎnr	raindrop

三、词语例解　Notes

1.　极

副词"极"用在形容词前，表示最高程度。例如：

The adverb 极 is used before an adjective to show the highest degree, e.g.

他接过信来，极快地看了一遍。

这个孩子极聪明。

"极"也可以用在能愿动词或动词短语前，表示最高程度。能愿动词限于"能""会""愿意""敢"等少数几个。例如：

极 also can be used before an auxiliary verb or a verbal phrase to show the highest degree.　Only a few auxiliary verbs such as 能，会，愿意，敢 etc. can be used together with 极, e.g.

他极会做菜，大家都喜欢吃他做的菜。

学技术的大学毕业生极受工厂欢迎。

2.　整个

"整个"的意思是指不残缺的、完全的整体，它修饰的名词可以是具体事物，也可以是抽象事物。例如：

整个 means "whole", "total" which modifies a noun refer-ring to either a concrete thing or an abstract thing, e.g.

176

学校开运动会那天，整个校园非常热闹。

整个上午他都在听音乐。

"整个"也常作状语，有"完全"的意思。例如：

整个 also can be used as an adverbial adjunct, meaning 完全 (entirely)，e.g.

因为情况变了，计划也整个改变了。

大概得一天时间才能整个看完这个展览。

3. 始终

副词"始终"常用作状语，意思是从开始直到最后或直到现在，用来说明某种情况没有变化。例如：

The adverb 始终 is often used as an adverbial adjunct, meaning " from beginning to end" or " till now", indicating that sth. has not changed, e.g.

正确的意见我们始终支持(zhīchí，support)。

父亲生病的时候，我始终在他身边。

"始终"常用于否定式。例如：

始终 is often used in a negative form, e.g.

我听了半天，始终不清楚他说的是什么意思。

我早就向往西湖的风景，可是始终还没去过。

4. 时时

副词"时时"表示在一定的时间内某种动作或行为屡次发生。例如：

The adverb 时时 indicates that sth. happens repeatedly within a certain time, e.g.

十多年来，我时时想起这件事。

鱼(yú, fish)在水里游来游去，水面上时时出现一些小水花儿。

5．竟

副词"竟"表示出乎意料之外，在句中起加强语气的作用。例如：

The adverb 竟 means "unexpectedly", and it is used to stress the tone of a sentence, e.g.

上午天气那么好，下午竟下起雨来了。

小华才十岁，竟能在长江里游泳，真不简单。

我说话的声音这么大，他竟没听见。

6．剪枝留下来的

动词"留"常带"了""着"或有"下""下来""在""给"等作补语，主要意思有：

The verb 留 often takes 了，着，or 下，下来，在，给 etc. as its complement. It carries the following major meanings:

A．表示"保存""使…留"等意思。例如：

保存 (keep), 使…留" (leave) etc., e.g.

他的书大部分都送给图书馆了，自己只留了一小部分。

你走的时候，把这张照片留给我作纪念吧。

B．表示停止在某个地方或位置上不动。例如：

Indicating stop at a place or a position, e.g.

学完汉语以后，我要留在北京继续学习。

你们先走，我要留下来再看一会儿书。

7. 说是你们城里人现在时兴插花

"说是"有"据说"的意思，语气没有单用"说"或"是"那么肯定。例如：

说是 is similar to 据说 (it is said), whose tone is not as affirmative as that expressed by 说 or 是 only, e.g.

汽车今天没走原来的路，说是前边正在修路，过不去。

老张告诉我，说是今天下午有代表团来参观，让我们准备欢迎。

"说是"有时还带有说话人对某种回答不以为然，或持否定态度的口气。例如：

Sometimes 说是 indicates that the speaker has a negative attitude towards sth., e.g.

昨天他没去开会，说是没时间。

他要请几天假，说是有重要事情。

8. 重新

"重新"有"再""又"的意思，可以和"再"或"又"同时并用。例如：

重新 means 再 or 又, and it can be used together with 再 or 又, e.g.

治了一个月，头发重新长出来了。

我又把这本小说重新看了一遍。

"重新"有时可省为"重"，意思一样。例如：

Sometimes 重新 is simplified as 重 whose meaning remains the same, e.g.

这个句子作错了，重作一个吧。

四、近义词例解 Synonym Study

1．极 很

"极"和"很"都是程度副词，它们的意义和用法有以下几点不同：

Both 极 and 很 are adverbs of degree, but they are different in the following points:

A．"极"表示最高程度，"很"表示程度相当高。在一个句子中，可以用"极"，也可以用"很"的情况下，用"极"比用"很"表示的程度更高。例如：

极 shows the highest degree while 很 shows a rather high degree. Either 极 or 很 can be used in the same sentence, but they show different degrees, e.g.

这个问题很重要，我们应该研究研究。

这个问题极重要，我们必须马上研究。

B．"很"用在某些形容词单独作谓语的句子中，主要起使语气完整的作用，表示程度的意义已不明显。例如：

很 used before an adjective which is the predicate, makes the sentence more complete in tone, but it no longer indicates high degree, e.g.

这个孩子很聪明。

这个地方的风景很美。

"极"没有这种用法。

极 does not function like this.

C．"极"放在形容词后作补语，前边不能用"得"，后

180

边一般要带"了";"很"作补语,前边要用"得"。例如:

极 is put after an adjective as a complement, and it usually takes 了 after it, but no 很 before it. 得 is also used as a complement, but it takes 得 before it, e.g.

他的意见好极了,我完全赞成。

他的意见好得很,我完全赞成。

2. 始终 一直

"始终"和"一直"都有表示从头到尾持续不变的意思,这两个词比较,要注意以下几点:

Both 始终 and 一直 indicate that sth. has no change from the beginning to the end, but they are different in the following points:

A."一直"比"始终"的使用范围宽,凡是用"始终"的句子,都可换用"一直"。例如:

The usage of 一直 is more extensive in scope than 始终, so 始终 can be replaced by 一直 in all sentences, e.g.

父亲生病的时候,他始终/一直在父亲身边。

由于学习和工作紧张,他始终/一直不能到郊外游春。

B."一直"后边的动词可以带时间词语,"始终"后边的动词不能。例如:

The verb after 一直 can take a phrase of time, but the verb after 始终 cannot, e.g.

我一直等到十二点,他还没来。

（不能说"我始终等到十二点……"）

从他走后一直到现在，都没来过信。

（不能说"从他走后始终到现在……"）

C．"一直"可以指将来，"始终"不能。例如：

一直 can refer to the future, but 始终 cannot, e.g.

我想在这儿一直住下去。

（不能说"我想在这儿始终住下去。"）

D．"一直"还有"朝着一个方向不转弯"的意思，"始终"没有这个意思。例如：

一直 also means "towards a certain direction", but 始终 does not have this meaning, e.g.

从这儿一直走，前边那座楼就是邮局。

（不能说"从这儿始终走……"）

五、练 习 Exercises

1. 熟读下列词组：

美好的希望	近郊	收两毛钱
美好的理想	远郊	收到一封信
美好的愿望	郊外	把钱收起来
美好的生活		把衣服收进来
美好的明天		春种秋收

整理桃花枝	递给他钱
整理筐子	递给他一封信
整理箱子	把报递给我

整理衣服　　　　递到他手里
把东西整理好　　大使递交国书

接过钱　　　　　留作业　　　　天阴了
接发球　　　　　留作纪念　　　天晴了
接到一封电报　　留在学校工作　晴转阴
接孩子　　　　　留他吃饭　　　多云转阴
我接着发言　　　留了好多菜　　多云转晴
　　　　　　　　留下一封信

2. 用汉语解释下列各句中带"·"的词语：

(1) 在飘着碎雪的日子里，我便渴望那桃花了。

(2) 三月，是桃花含苞的季节。

(3) 由于工作和学习紧张，始终不能到郊外游春。

(4) 天阴了，我还要去赶汽车。

(5) 他们叫我拿这些枝子到城里来卖，说是你们城里人现在时兴插花。

(6) 我拿着这一大把桃花枝，看着他的背影渐渐消失在人流中。

3. 用括号中的词语完成句子：

(1) 他非常喜欢听音乐，＿＿＿＿＿。（整个）

（2）汉斯是我的好朋友，我到中国来以后，

_____。　　　　　　（时时）

（3）这么厚的一本小说，他 _____。（竟）

（4）他把大部分照片都送人了，自己 _____。

（留）

（5）看到这个可爱的小女孩儿。他 _____。

（不由得）

（6）这张画画得不太好 _____。　　（重新）

4. 模仿下列句子，用指定的词语造句：

（1）想不到今天下班走过第一个路口时，我竟得到一大把含苞的桃花。

（想不到…竟…）

（2）是自己承包的桃树，剪枝留下来的。

（留下来）

（3）看着他那满足的笑脸，我不由得也高兴起来。　　（看着…不由得…）

（6）他们叫我拿这些枝子到城里来卖，说是你们城里人现在时兴插花。

（说是…）

（5）卖！过两天我再剪一些来卖。

（过两天）

（6）他转过身，走了，步子迈得那么大，那么快！　　　　　（转过身）

5. 选词填空:

瓣 朵 枝 把

(1) 满树桃花一_____一_____地开着,
好看极了。

(2) 春天快过去了,桃花一___一___地落在
地上。

(3) 一个农民把一大_____桃花都给了我,
才收了两毛钱。

(4) 我把七八___桃花整理好,插在花瓶
(huāpíng, flowervase) 里。

始终 一直

(5) 这个地方很好,我想在这儿_____住下
去。

(6) 我早就想到广州去旅游,可是___还没
去过。

(7) 这个演员演得很好,可是她唱的是什么,
我_____没听清楚。

(8) 他说十点钟来,可是我_____等到十二
点,他还没来。

第五十八课 Lesson 58

一、课文 Text

蛇　酒

传说几百年以前，大别山区的一座小镇上，西头有一家酒店，生意特别好。

一天，喝酒的客人非常多，不大一会儿工夫就把柜台里的酒卖光了。酒店主人叫伙计李波到后面库房去取酒。李波刚到库房门口，就听见屋里有动静。他急忙拿出钥匙把门打开，刚要进屋，就"哎呀"一声，转身往回跑。他一边跑一边喊："快来人哪！快来人哪！"

原来，库房里有一条大蛇，两丈多长，尾巴卷在房梁上，头正伸到缸里喝酒。人们听到李波的喊声，都跑了过来，见到这条大蛇，大家都很害怕，吓得谁也不敢进去。一会儿，那条大蛇喝醉了，一下子掉进酒缸里。李波赶快跑进去把缸盖上，上面又压了块大石头。以后，李波每次来库房取酒，总要听听缸里还有没有声音。

两年过去了，那酒缸里一直没有什么动静。李波想，蛇一定死了。死蛇还有什么可怕的呢？于是，他走过去打开缸盖一看，大蛇果然死了，缸里的酒变得通红通红的。酒店主人知道以后，对李波说："那缸酒你抽空儿倒掉吧！"

镇上有个姓刘的无赖，走路一拐一拐的，遇上刮风下雨，腰腿就疼得下不了床。他常到酒店来喝酒，却从来不给钱。李波不给喝，就要挨他打；给喝，又要挨主人骂。一天，刘无赖又来喝酒，李波忽然想到还没倒掉的那缸酒，就拿了一碗给他。刘无赖见这酒有点儿怪，就问："这是什么酒？怎么没见过？"李波回答说："这是最好的酒，外边儿是买不到的。"刘无赖接过碗一闻，说："好香啊！"就一口气把它喝光了。喝完他还要，可是话没说完，就一头倒在了地上。李波以为他中毒死了，吓得赶紧把他拖到自己住的小屋里，打算等到夜里再说。

晚上，李波回到屋里，刚点上灯，就见刘无赖翻了个身很快坐了起来，嘴里连说："好酒！好酒！"接着又一下子站起来，大步走出屋子，也不一拐一拐的了。过了两天，正下着雨，刘无拐突然又来了，还要那种酒喝。李波问他："下雨天你不是下不了床吗？"刘无赖说："喝了

你那碗酒，我的病就好多了，下雨腰腿也不疼了。你再给我一碗吧！"李波又给了他半碗，喝完他还要，李波说："没有了。"李波看着刘无赖走出去的样子，心里想：这种酒大概能治病。

李波他爹也有腰腿病，整天躺在床上不能动，家里穷，也没有钱治。李波装了几瓶蛇酒，拿回家去让他爹也喝喝试试。第一瓶喝完，他爹就能下床了；第二瓶喝完，腰腿不疼了；接着又喝了几瓶，腰也直起来了，能到地里干活儿了。后来，李波又把这种蛇酒送给有腰腿病的穷人喝，他们喝了，病也都好了。

从此，"蛇酒"出了名，成了能治病的一种药酒。

二、生词 New Words

1.	蛇酒	（名）	shéjiǔ	snake wine
2.	传说	（动、名）	chuánshuō	It is said ...; legend
3.	大别山	（专）	Dàbiéshān	*a mountain in central China*
4.	区	（名）	qū	area
5.	镇	（名）	zhèn	town
6.	（西）头	（名）	(xī) tóu	(west) end
7.	生意	（名）	shēngyi	business
8.	柜台	（名）	guìtái	counter
9.	光	（形）	guāng	be used up, nothing left
10.	伙计	（名）	huǒji	waiter, shop assistant
11.	李波	（专）	Lǐ Bō	*name of a person*
12.	库房	（名）	kùfáng	storehouse
13.	动静	（名）	dòngjing	动作或者说话的声音
14.	钥匙	（名）	yàoshi	key
15.	丈	（量）	zhàng	长度单位，1丈等于3⅓米

16.	尾巴	（名）	wěiba	tail
17.	卷	（动）	juǎn	roll
18.	房梁	（名）	fángliáng	roof beam
19.	伸	（动）	shēn	stretch
20.	缸	（名）	gāng	vat, jar
21.	害怕	（动）	hàipà	fear
22.	吓	（动）	xià	frighten
23.	敢	（动）	gǎn	dare
24.	醉	（动）	zuì	be drunk
25.	一下子	（副）	yíxiàzi	一下儿
26.	压	（动）	yā	press
27.	可怕	（形）	kěpà	fearful, terrible
28.	通红	（形）	tōnghóng	burning red
29.	倒（掉）	（动）	dào(diào)	pour
30.	无赖	（名）	wúlài	rascal
31.	拐	（动）	guǎi	limp
32.	遇上	（动）	yùshang	meet with
33.	腰	（名）	yāo	waist
34.	挨	（动）	āi	suffer
35.	碗	（名）	wǎn	bowl
36.	闻	（动）	wén	smell
37.	一口气		yìkǒuqì	in one breath
38.	以为	（动）	yǐwéi	think, consider

190

39.	中毒	（动）	zhòngdú	be poisoned
40.	拖	（动）	tuō	pull, drag
41.	打算	（动）	dǎsuàn	intend
42.	点（灯）	（动）	diǎn (dēng)	light (a lamp)
43.	翻（身）	（动）	fān (shēn)	turn over
44.	爹	（名）	diē	父亲
45.	整天	（名）	zhěngtiān	the whole day, all day (long)
46.	穷	（形）	qióng	poor
47.	直	（形）	zhí	straight
48.	干活儿		gàn huór	work, do manual labour
49.	从此	（连）	cóngcǐ	从这个时候起
50.	出名		chū míng	become famous
51.	药酒	（名）	yàojiǔ	能治病的酒

三、词语例解 Notes

1. 转身往回跑
动词"回"在"往"后表示方向，指回去的方向。例如：
The verb 回 used after 往 means "return" or "return back",
e.g.

我已经走了好远，可是往回一看，送我的人还都在门口站着呢。

上星期日我们去长城，早上八点钟出发的，

下午三点半开始往回走。

2. 吓得谁也不敢进去

"吓"是"使害怕"的意思。例如：

吓 means "frighten" or "scare," e.g.

他看见一只狼（láng, wolf），把他吓坏了。

他忽然从门后边出来，吓了我一跳。

"吓一跳"是个常用的习用语，数词只能用"一"。

吓一跳 is a common idiom, meaning "get a scare". 一 is the only numeral that can be used here.

用"吓得…"时，全句的主语也可以放到"得"后，使句子变成无主语句。例如：

When 吓得 is used, the subject of the sentence also can be placed after 得 so as to make the sentence become one without subject, e.g.

见到那条大蛇，他吓得半天说不出话来。

见到那条大蛇，吓得他半天说不出话来。

看见这种情况，我吓得出了满身大汗。

看见这种情况，吓得我出了满身大汗。

3. 一下子掉进酒缸里

"一下子"作状语，有"很快"的意思，用来强调在很短时间内动作完成或情况发生变化。例如：

一下子 is used as an adverbial adjunct to mean 很快. It is used to stress that an action is done or a state of affairs takes place in a flash, e.g.

昨天还很暖和，今天一下子冷起来了。

搬石头的人很多·一下子就把就石头搬光了。

4．死蛇还有什么可怕的呢

"有什么"放在形容词前表示一种反问的语气，意思是"不…"或"不太…"如果改成直陈语气，就要用"没（有）什么…"。例如：

有什么 used before an adjective, indicates a kind of rhetorical question, meaning 不… or 不太…. 没（有）什么… should be used if such a question is changed to a declarative sentence, e.g.

这个故事有什么可笑的？我觉得一点儿也不可笑。

这张画儿有什么好？我不喜欢这种画法。

我看这儿的天气没什么好，夏天太热，冬天太冷。

5．他走路一拐一拐的

再个相同（或同类）的动词嵌在"—…—…"之间，表示动作连续发生。"—…—…"可以作谓语、状语或定语，后面常要用"的"（或"地"）。例如：

The same or two similar verbs inserted in —…—… indicates that an action takes place in succession. The —…—… expression can be used as a predicate, an adverbial adjunct or an attributive. It is often followed by 的 or 地, e.g.

小鸟还飞不好，落在地上只能一跳一跳的。

这个孩子睡得不安静，手和脚总是一动一动的，可能在作梦。

他的腿受过伤。所以总是一拐一拐地走。

他走路一拐一拐的，他的腿一定有病。

6. 打算

动词"打算"的意思是"考虑""计划"，后边可以带动词或动词短语作宾语。例如：

The verb 打算 means 考虑 (consider), 计划 (plan), and it may take a verb or a verbal phrase as its object, e.g.

不论做什么事，都应该想到国家，不应该只为自己打算。

我打算明天去旅行，你呢？

他打算用两个星期的时间把那篇论文写出来。

名词"打算"意思是"想法""念头"。例如：

The noun 打算 means 想法 (idea), 念头 (thought), e.g.

寒假我想去广州看看，你有什么打算？

你到底什么时候回国，希望你早作打算。

7. 打算等到夜里再说

"再说"表示留待以后办理或考虑。例如：

再说 means "put off to some later time", e.g.

他们提出的这个要求，现在还不能办，过一些时候再说吧。

这几件工作我们要在放假以前作好，不能等到寒假以后再说。

你们急用那些东西吗？什么时候给你们送去？

——再说吧，我们现在还不用。

8. 我的病好多了

"多"用在形容词或某些动词之后作补语，表示比较之下，相差的程度大。例如：

多 used after an adjective or a verb as a complement indicates a large difference, e.g.

一年不见，小弟弟高多了。

酒喝多了对身体没好处（hǎochu, benefit）。

他为国家作的贡献（gòngxiàn, contribution）比我们大得多。

四、近义词例解 Synonym Study

1. 又 再 还

"又""再""还"都是副词，都可以表示动作的重复，但用法不完全一样。

又，再 and 还 are all adverbs to indicate repetition of an action, but they are not entirely the same in usage.

A. "又"一般表示已实现的重复。例如：

又 indicates repetition which has taken place, e.g.

这个电影我上星期看过一次，昨天又看了一次。

刘无赖突然又来了。

有时表示重复虽未实现，但必然会实现。这种重复一般是有规律性的。"又"多用在"是"以及能愿动词之前。例如：

Sometimes 又 indicates a certain recurrence of a regularly

occurring event. It is mostly used before 是 or an auxiliary verb, e.g.

明天又是星期六了。

下星期三我们又该考试了。

B. "再"表示未实现的重复。例如：

再 indicates repetition which has not taken place, e.g.

这个电影我上星期看过一次，想明天再看一次。

他对李波说："你再给我一碗酒吧。"

"又"和"再"都是用来表示某种情况的重复的，用在否定式中，"又"和"再"就用在否定词前。例如：

Both 又 and 再 are used to indicate repetition, and they are put before a negative word in a negative sentence, e.g.

他昨天没来，今天又没来，也许是病了。

他两天没来了，要是明天再不来，就得去找他了。

"再也不…""再也没…"是强调的说法，"再也不…"表示情况永远不再重复，句尾常有"了"。例如：

再也不… or 再也没… is a way of emphasis. 再也不… indicates that sth. will never happen again. It is often used together with 了 at the end of a sentence, e.g.

那个地方太远了，我去过一次，以后再也不去了。

"再也没…"表示到说话时为止，某种情况一直没重复过。例如：

再也没… indicates that sth. has not happened till now, e.g.

那个地方太远，我去过一次，后来再也没去过。

C．"还"也可以表示未实现的重复，和"再"不同的地方有两点：一个是在疑问句中多用"还"。例如：

还 also can be used to indicate repetition of something which has not happened, but it is different from 再 in two points: one is that 还 is mostly used in interrogative sentences, e.g.

这个电影你上星期看过了，明天还看吗？

那个地方他以前去过，明天还去不去？

另一个是，在陈述句里如果有能愿动词，"还"用在能愿动词之前，"再"用在能愿动词之后。例如：

The other one is that in a declarative sentence with an auxiliary verb, 还 is used before the auxiliary verb, but 再 is used after the auxiliary verb, e.g.

那篇论文昨天我已经修改了一遍，明天还要修改一遍。

那篇论文昨天我已经修改了一遍，明天要再修改一遍。

如果"还"和"再"在同一个句子中出现，"还"放在能愿动词前，"再"放在能愿动词后。这样用时语气显得更强。例如：

If both 还 and 再 appear at their proper positions (as above) in the same sentence, the sentence sounds more emphatic, e.g.

那篇论文我已经修改了一遍，还要再修改一遍。

这些句子我已经检查过了，都没有语法错误，你还要再检查吗？

2．怕　害怕　恐怕

"怕"有四个意思：

怕 carries the following four meanings:

A．表示畏惧。例如：

Indicating fear, e.g.

有的人是不怕蛇的。

我们什么困难都不怕。

B．表示经受不住。例如：

Meaning "cannot suffer" or "cannot stand", e.g.

这种布怕用热水洗。

病人怕感冒，一感冒，他原来的病就更不容易好了。

C．表示担心。例如：

Indicating worry, e.g.

我怕他们人不够，把小王也叫来了。

他怕我走不动，所以派了一辆汽车来接我。

D．表示估计。例如：

Meaning "estimate", e.g.

这块大石头怕有一千多斤吧。

他走了怕有二十多天了。

"害怕"只有"怕"的A项意思，但侧重于描写主语遇到危险、恐惧时的心理状态，而"怕"则侧重于说明主语对…的畏惧。所以**"害怕"常不带宾语，而"怕"常带宾语**。例如：

害怕 only carries the meaning of 怕 in A, but it lays emphasis on the description of one's psychological state when one feels dread or danger, 怕 lays emphasis on one's dread towards sth. . So 害怕 usually does not carry an object, but 怕 usually does, e.g.

山后只有一间草屋，一个人也没有，她很害怕。

李波看见库房里有一条大蛇，他害怕极了，赶紧跑出去了。

另外，有些习惯的搭配，只能用"怕"。如："怕苦""怕累""怕死""怕困难"等。

Besides, in some collocations, only 怕 can be used, e.g.

"恐怕"主要表示估计，有"大概""也许"的意思。上边 D 项两个例句中的"怕"都可以换成"恐怕"。有时"恐怕"也兼有担心的意思，但因为它是副词，所以不能说"我恐怕你们…""我恐怕他…"等。上面 C 项两个例句中的"怕"一般不能换成"恐怕"。"恐怕"可以放在主语前或后。例如：

恐怕 mainly indicates one's estimate, meaning 大概, 也许。 In the above two examples in D, 怕 can be replaced by 恐怕. Sometimes 恐怕 implies "worry", but since it is an adverb, it is not right to say 我恐怕你们… or 我恐怕他… etc. . In the above two examples in C, 怕 usually cannot be replaced by 恐怕. 恐怕 can be placed before or after the subject, e.g.

恐怕他不会同意这样作吧？

他们走了很多路，恐怕太累了。

五、练 习 Exercises

1. 熟读下列词组：

山区	小镇	西头	点灯
林区	村镇	东头	点火
郊区	城镇	南头	点烟
灾区		北头	点着了

翻开书	茶碗	酒缸
翻了个身	饭碗	水缸
翻过一座山	吃了一碗饭	缸破了

可怕	可爱可笑	可怜

2. 选择合适的词组填空：

一动一动　　一跳一跳
一摇一摆　　一点一点
一拐一拐　　一踢一踢
一压一压

(1) 那架机器 ＿＿＿＿＿ 地给药瓶装上了盖儿。

(2) 鱼在吃东西的时候，嘴＿＿＿＿＿的，很有意思。

(3) 她一推那个泥（ní, mud）人，那个泥人

200

身子就＿＿＿＿＿地动着，孩子们看着都笑了。

(4) 他走路＿＿＿＿＿的，几乎摔倒了。

(5) 你看他走路 ＿＿＿＿＿ 的，一定有高兴的事。

(6) 他在听你的意见的时候，头＿＿＿＿＿ 的，可能同意你的意见。

(7) 他睡觉不老实， 总是＿＿＿＿＿的， 没几下，就把盖的都踢开了。

3. 用括号里的词语完成句子：

(1) 老李听到后边"哎呀"一声，回头一看，一位大娘摔倒了，＿＿＿＿＿把她扶起来。

（往回走）

(2) 哎呀，你走错了，你要找的人在南头，＿＿＿＿＿。

（往回走）

(3) 山区的天气很特别，刚才还好好的，＿＿＿＿＿。

（一下子）

(4) 大家的热情很高，＿＿＿＿＿。

（一下子）

(5) 小孩子不懂事，你要跟他讲道理，不要生气，＿＿＿＿＿。

（白）

(6) ＿＿＿＿＿，原来小王借走了我的书。

（白）

（7）_____，我的朋友又不来了。

（白）

（8）我原来想去买东西，可是现在下雨了，_____。

（又）

（9）他本来就不太会说话，_____，他更说不上来了。

（又）

4. 改写句子：

a. 用带"得"的补语

例：他的腿病又犯了，不能走路，只好在家休息。

他的腿病又犯了，疼得他不能走路，只好在家休息。

（1）他很激动，连话都说不出来了。

（2）他得了一场重病，三天都没起床。

（3）他见到蛇很害怕，连往哪个方向跑都不知道了。

（4）他的声音很低，我都听不清楚他说些什么。

（5）这支铅笔太短了，拿也拿不住，不能再用了。

b. 用"有什么"

例：这个成语不难，只要仔细想一想，就能明白。

这个成语有什么难，只要仔细想一想，就能明白。

(1) 这几个词不难掌握，只要反复练习就会用了。

(2) 没有毒的蛇不可怕，只要你不动它，它就不会害你。

(3) 他闻了闻说："这种酒不好，没有你带来的那种香。"

(4) 这个电影不好看，我不想再看了。

(5) 这种酒实在不好喝，我不喜欢喝这种酒。

c. 用"再说"

例：今天的时间不够，另外两个问题以后再讨论吧！

今天的时间不够，另外两个问题以后再说吧！

(1) 他还没决定去不去，那么关于旅行的事过几天再考虑吧！

(2) 今天时间不早了，他还没有住宿的地方，我们先给他找住的地方，别的事情明天再安排。

(3) 这个月我的钱不多了，那件大衣以后再买吧！

（4）你先跟她谈谈，让她别着急，别的事情以后再解决。

（5）大夫对病人说："你得了好几种病，不能一下子都治好，现在先治好你的眼病，别的病等眼病治好了再治。"

d．用"打算"

例：李波把刘无赖拖到自己的小屋，想等到夜里再说。

李波把刘无赖拖到自己的小屋，打算等到夜里再说。

（1）这个计划是为大家考虑的，我们都同意。

（2）他准备明年出国去学习。

（3）小王想学历史，你呢？

（4）他准备明天去山区调查那儿的学校情况。

（5）放假以后我们想去杭州旅行，你想作什么？

5．选词填空：

又　　再　　还

（1）昨天我接到了一封信，今天＿＿＿＿＿＿接到了一封。

（2）上星期我去了一次颐和园，明天想＿＿＿＿＿＿去一次。

（3）杭州他已经去过了，今年暑假他＿＿＿＿＿＿

204

去不去？

（4）这篇论文我已经看过一遍了，____ 想看一遍。

怕　恐怕　害怕

（5）这条河的水不深，别_____，能过得去。

（6）天这么黑，_____要下雨了。

（7）屋子里没有人，他_____已经离开这儿了。

（8）既然一定要按时完成这个任务，就不能_____苦_____累。

（9）把孩子一个人留在家，孩子会_____的。

6. 阅读下面短文，并且按照后边的要求作练习：

蛇酒是一种药酒，它能治病；茅台（Máotái, name of a place）酒是中国的名酒。这两句话里有四个词语都是用"酒"作中心（zhōngxīn, centre）组成的。但是仔细分析起来，这四个词语中的修饰成分(xiūshì chéngfèn, modifier)和酒的关系都不相同。蛇酒中的"蛇"是告诉我们这种酒是用什么东西作成的。药酒中的"药"是说明这种酒有什么用处。茅台是地名，茅台酒是告诉人们这是茅台地方出产（chūchǎn, to produce）的酒。名酒是有名的酒的意思。在汉语里，象上边提到的四种关系组成的词语还有很多。例如：草屋、木床、木船、竹筒、毛笔等，这些词语中的修饰成分是说明用什么东西作成的。球衣、运动衣、雨衣、笔筒、酒杯、饭碗、水壶等中的修饰成分是说明用处的。表示地名的也有一些，例如南丰桔子、青岛啤酒等。说明东西特点（tèdiǎn, characteristic）、颜色、形状（xíngzhuàng, shape, form）的词语就更多了，例如黄酒、名酒、圆面包、甜面包等。

（1）下面列出一些词语，请你根据它们的修饰成分的特点，把它们填在下边的表里：

猎枪、木枪、竹椅、躺椅、柴屋、书包、奶糖、白糖、红糖、汉字表、调查表、洗澡房、瓶盖儿、缸盖儿、酒店、粮店、书店、办公室、牛奶面包、蓝布、粉笔、话剧、歌剧。

用什么东西作成的	表示特点、颜色、形状的	表示用处的

（2）请你举出一些词语填入下列表中：

用什么东西作成的	表示特点、颜色、形状的	表示用处的

词 汇 表

Vocabulary

A

啊呀	（叹）	āyā	*an interjection*	54
阿唷	（叹）	āyō	*an interjection*	54
挨	（动）	āi	suffer	58
哎呀	（叹）	āiyā	*an interjection*	52
爱	（动）	ài	喜欢	48

B

巴金	（专）	Bā Jīn	*a famous modern Chinese writer*	56
拔	（动）	bá	pull, pluck	46
把	（量）	bǎ	*a measure word*	57
班	（名）	bān	shift, duty	55
瓣	（量）	bàn	petal	57
半天	（名）	bàntiān	a long time, half a day	47
包	（动）	bāo	wrap	52

碑	（名）	bēi	monument	54
背	（动）	bēi	carry on the back	46
背	（名）	bèi	back	53
背后	（名）	bèihòu	behind sb.'s back	55
背影	（名）	bèiyǐng	the view of sb.'s back	57
本来	（形、副）	běnlái	original; as a matter of fact	48
本事	（名）	běnshi	ability, skill	51
笨蛋	（名）	bèndàn	fool	51
笔	（名）	bǐ	pen	48
比较	（动）	bǐjiào	compare	53
必然	（形）	bìrán	inevitable, be bound to	54
必须	（能动）	bìxū	must	53
便	（副）	biàn	就	55
变（成）	（动）	biàn (chéng)	change	48
标点	（名）	biāodiǎn	punctuation	48
表达	（动）	biǎodá	express	48
表示	（动）	biǎoshì	express, show	45
不但	（连）	búdàn	not only	49
不过	（连）	búguò	but, however	47
不论	（连）	búlùn	no matter	49
不好意思		bù hǎoyìsi	feel embarrassed, shy	55

不慌不忙		bù huāng bù máng	in no hurry	50
不仅	（连）	bùjǐn	不只是	55
不如	（动）	bùrú	not as good as, not up to	46
不由得	（副）	bùyóude	could not help doing sth.	52
步子	（名）	bùzi	step	57

C

才能	（名）	cáinéng	ability and talent	50
菜	（名）	cài	dish	55
灿烂	（形）	cànlàn	bright	56
草	（名）	cǎo	grass	46
草屋	（名）	cǎowū	straw shed	52
插	（动）	chā	plug in, insert	52
刹那	（名）	chànà	很短很短的时间	56
柴	（名）	chái	firewood	49
长住	（动）	chángzhù	stay long	52
承包	（动）	chéngbāo	take responsibility for the whole thing	57
成功	（动）	chénggōng	succeed	50
城楼	（名）	chénglóu	(city) gate tower	45
池	（名）	chí	pond, pool	53

冲	（动）	chōng	rush	56
重围	（名）	chóngwéi	encirclement by ring upon ring	56
重新	（副）	chóngxīn	anew	57
抽空		chōu kòng	try to find time	52
出（毛病）	（动）	chū (máobing)	发生	51
出路	（名）	chūlù	way out	46
出门		chūmén	leave home	51
出名		chū míng	become famous	58
出现	（动）	chūxiàn	appear	56
处处	（副）	chùchù	everywhere	55
传说	（动、名）	chuánshuō	It is said...; legend	58
闯	（动）	chuǎng	rush in	53
闯祸		chuǎng huò	precipitate a disaster, lead to trouble	53
聪明	（形）	cōngming	clever	51
从此	（连）	cóngcǐ	从这个时候起	58
从来	（副）	cónglái	at all times, always	50
存在	（动）	cúnzài	exist	49
搓	（动）	cuō	rub (one's hands)	55
错误	（名）	cuòwù	mistake	49

D

打	（动）	dǎ	beat	54
打扮	（动）	dǎban	dress up	55
打猎		dǎ liè	hunt	52
打扰	（动）	dǎrǎo	disturb	52
打算	（动）	dǎsuàn	intend	58
打听	（动）	dǎtīng	ask about	52
大别山	（专）	Dàbiéshān	*a mountain in central China*	58
大使	（名）	dàshǐ	ambassador	50
当	（动）	dāng	be, serve as	50
当时	（名）	dāngshí	at that time	53
挡	（动）	dǎng	obstruct, block	46
道	（量）	dào	*a measure word for rainbow; sometimes for rivers, lines, etc.*	56
道	（动）	dào	说	51
倒	（副）	dào	unexpectedly	55
倒（掉）	（动）	dào (diào)	pour	58
到底	（副）	dàodi	after all, at last	47
道理	（名）	dàoli	reason	49
得	（动）	dé	得到	57
得到	（动）	dédào	get	47

得得	（象声）	dédé	*onomatopoeia*	53
得意	（形）	déyì	elated, exultant, pleased	47
得	（能动）	děi	have to	54
等	（代）	děng	etc.	48
瞪	（动）	dèng	open (one's eyes) wide	51
滴	（量）	dī	drop	51
低头		dītóu	hang one's head	51
底儿	（名）	dǐr	sole	51
递	（动）	dì	hand over	57
点（灯）	（动）	diǎn dēng	light (a lamp)	58
调查	（动）	diàochá	investigate	49
爹	（名）	diē	父亲	58
东湖公园	（专）	Dōnghú Gōngyuán	East Lake Park	55
洞	（名）	dòng	hole, cave	50
动	（动）	dòng	move, get moving	46
动静	（名）	dòngjing	动作或者说话的声音	58
动手		dòngshǒu	start doing sth.	52
动作	（名）	dòngzuò	action	53
逗号	（名）	dòuhào	comma	48
队	（量）	duì	team, group	52

213

对	（量）	duì	pair	57
对（着）	（动）	duì(zhe)	face, confront	46
对方	（名）	duìfāng	opposite side	50
对于	（介）	duìyú	for, to	51
蹲	（动）	dūn	squat on one's heels	57
顿	（量）	dùn	a measure word for meals, beatings, etc.	54
顿号	（名）	dùnhào	pause mark	48
多么	（副）	duōme	how	45
夺目	（形）	duómù	dazzling	56
朵	（量）	duǒ	"花" 的量词	52
躲（开）	（动）	duǒ(kāi)	avoid, stay away	53

F

发财		fācái	make a fortune	54
发（出）	（动）	fā (chū)	emit	56
发痛		fā tòng	feel painful	56
番	（量）	fān	a measure word for number of times, turns, etc.	54
翻（身）	（动）	fān (shēn)	turn over	58
反而	（连）	fǎn'ér	but, on the contrary	49
反复	（动）	fǎnfù	repeat	53

214

犯	（动）	fàn	commit, make (a mistake)	49
范围	（名）	fànwéi	scope	56
房梁	（名）	fángliáng	roof beam	58
放射	（动）	fàngshè	emit, radiate	56
分辨	（动）	fēnbiàn	distinguish	56
风景	（名）	fēngjǐng	scenery	52
缝	（名）	fèng	seam, slit	56
符号	（名）	fúhào	mark, symbol	48
符合	（动）	fúhé	confirm, be in keeping with	49
斧子	（动）	fǔzi	ax	49
负	（形）	fù	carry	56
富贵	（名）	fùguì	rich and honourable	54

G

盖	（动）	gài	build	52
盖儿	（名）	gàir	cover	51
敢	（动）	gǎn	dare	58
赶（到）	（动）	gǎn(dào)	hurry on	52
感到	（动）	gǎndào	feel	47
赶紧	（副）	gǎnjǐn	quickly	51
感叹号	（名）	gǎntànhào	exclamatory mark	48

感谢	（动）	gǎnxiè	thank	45
干	（动）	gàn	do, work, make	46
缸	（名）	gāng	vat, jar	58
搞	（动）	gǎo	do, make, get	49
根	（量）	gēn	"头发"的量词	51
根本	（名、形）	gēnběn	foundation; basic	49
根据	（动、名）	gēnjù	base on; basis	49
工夫	（名）	gōngfu	时间	47
恭维	（动）	gōngwéi	flatter	54
狗	（名）	gǒu	dog	50
够	（动、形）	gòu	suffice; enough	47
姑娘	（名）	gūniang	girl	52
古代	（名）	gǔdài	ancient times	46
顾	（动）	gù	attend to	55
故宫	（专）	Gùgōng	the Imperial Palace	45
拐	（动）	guǎi	limp	58
怪	（形）	guài	奇怪	55
官	（名）	guān	official	53
关系	（名）	guānxi	relation, matter	50
关于	（介）	guānyú	about	53
管	（动）	guǎn	be in charge of	52
光	（名）	guāng	light	55

H

好（多）	（副）	hǎo(duō)	很（多）	47
好报	（名）	hǎobào	be amply rewarded	54
合家		héjiā	全家	54
合力	（动）	hélì	join forces	54
壶	（名）	hú	pot	47
湖	（名）	hú	lake	55
户	（量）	hù	"人家"的量词	50
花	（动）	huā	spend	51
华北	（专）	Huáběi	North China	46
画	（动）	huà	paint, draw	47
淮河	（专）	Huáihé	the Huai River	50
怀疑	（动）	huáiyí	doubt, suspect	49
环境	（名）	huánjìng	circumstances, environment	53
换	（动）	huàn	exchange, change	51
谎	（名）	huǎng	lie	54
回头		huítóu	turn one's head	47
混帐	（形）	hùnzhàng	(abusive) you silly goose	51
活泼	（形）	huópo	lively, vigorous	52
活儿	（名）	huór	work	58
伙计	（名）	huǒji	waiter, shop assistant	58

218

J

几乎	（副）	jīhū	almost	53
机会	（名）	jīhuì	opportunity, chance	45
极	（副）	jí	extremely	57
急忙	（形）	jímáng	很着急、很快的	47
挤	（动）	jǐ	squeeze, crowd	50
既…也…		jì … yě …	both … and …	54
记录	（动）	jìlù	record	48
纪念	（动、名）	jìniàn	commemorate; commemoration	45
既然	（连）	jìrán	since	50
加	（动）	jiā	add	48
家	（量）	jiā	"人家" 的量词	54
贾岛	（专）	Jiǎ Dǎo	*a poet in the Tang Dynasty*	53
间	（量）	jiān	"屋子"、"房子" 的量词	52
…间		…jiān	within a certain time	56
肩	（名）	jiān	shoulder	52
剪	（动）	jiǎn	cut with scissors	57
渐渐	（副）	jiànjiàn	gradually	57
见面		jiànmiàn	meet	55

建筑	（名、动）	jiànzhù	building; build	45
将来	（名）	jiānglái	future	54
讲堂	（名）	jiǎngtáng	教室	54
交换	（动）	jiāohuàn	exchange	48
交际	（动）	jiāojì	communicate	48
郊外	（名）	jiāowài	outskirts	57
脚	（名）	jiǎo	foot	47
结	（动）	jié	bear	50
截儿	（量）	jiér	*a measure word for section, length*	47
金边儿	（名）	jīnbiānr	golden lace	55
近郊	（名）	jìnjiāo	outskirts	57
尽量	（副）	jìnliàng	do one's utmost	53
京城	（名）	jīngchéng	首都	53
竟	（副）	jìng	unexpectedly	57
静	（形）	jìng	安静	53
究竟	（副）	jiūjìng	到底	51
纠正	（动）	jiūzhèng	correct	49
酒	（名）	jiǔ	wine	47
酒店	（名）	jiǔdiàn	wineshop	51
酒壶	（名）	jiǔhú	喝酒用的壶	47
桔子	（名）	júzi	orange	50
句	（量）	jù	"话"、"句子"的	46

			量词	
句号	（名）	jùhào	full stop	48
俱乐部	（名）	jùlèbù	club	45
卷	（动）	juǎn	roll	58

K

开朗	（形）	kāilǎng	open, frank, cheerful	55
开玩笑		kāiwánxiào	make a joke	48
砍	（动）	kǎn	chop	49
考虑	（动）	kǎolǜ	consider	51
靠	（动）	kào	rely on, depend on	48
棵	（量）	kē	"树"、"苗"的量词	47
可爱	（形）	kě'ài	lovely	52
可怕	（形）	kěpà	fearful, terrible	58
渴望	（动）	kěwàng	long for	57
可笑	（形）	kěxiào	funny, ridiculous	46
刻苦	（形）	kèkǔ	assiduous, hardworking	53
肯	（能动）	kěn	be willing to	55
肯干	（形）	kěngàn	hard-working	55
空	（形）	kōng	empty	51
恐怕	（副）	kǒngpà	perhaps, I'm afraid	52

空儿	（名）	kòngr	free time	52
口	（量）	kǒu	mouthful	52
苦	（形）	kǔ	bitter	50
库房	（名）	kùfáng	storehouse	58
块	（量）	kuài	piece, lump, cube	52
扩大	（动）	kuòdà	expand, enlarge	56

L

拉	（动）	lā	pull, drag	50
辣椒	（名）	làjiāo	pepper	52
老百姓	（名）	lǎobǎixìng	common people	53
老实	（形）	lǎoshi	honest	53
老头子	（名）	lǎotóuzi	老人	46
梨	（名）	lí	pear	52
梨花	（名）	líhuā	pear blossoms	52
离开		líkāi	leave, depart from	48
里	（量）	li	长度单位，1 里等于 ½ 公里	57
李波	（专）	Lǐ Bō	*name of a person*	58
理想	（名、形）	lǐxiǎng	ideal	45
李玉明	（专）	Lǐ Yùmíng	*name of a person*	55
立论		lì lùn	set forth one's views	54

连	（动）	lián	link, join	48
连忙	（副）	liánmáng	promptly, immediately	47
连…也 （都）…		lián … yě (dōu) …	even	46
连衣裙	（名）	liányīqún	a woman's dress	55
凉	（形）	liáng	cool	57
猎枪	（名）	lièqiāng	hunting gun	52
淋	（动）	lín	be caught in the rain	52
邻居	（名）	línjū	neighbour	46
另	（形、副）	lìng	another; other	47
另外	（形、副）	lìngwài	other; separately	50
留	（动）	liú	keep, remain	48
流传	（动）	liúchuán	spread, circulate	53
鲁迅	（专）	Lǔ Xùn	*a famous modern Chinese writer*	54
路口	（名）	lùkǒu	the intersection of streets or roads	57
驴	（名）	lú	donkey	53
乱	（形）	luàn	disorderly, confused	53
落	（动）	luò	land, fall	45

M

骂	（动）	mà	scold, curse	51
嘛	（助）	ma	*a modal particle*	51
迈	（动）	mài	step foward	57
卖	（动）	mài	sell	57
满	（形）	mǎn	full	50
满月		mǎnyuè	(of a baby) one month old	54
满足	（动）	mǎnzú	feel content	57
毛	（专）	Máo	*a surname*	45
毛病	（名）	máobìng	trouble, breakdown	51
冒号	（名）	màohào	colon	48
美	（形）	měi	漂亮，好看	52
每当	（连）	měidāng	whenever	52
美好	（形）	měihǎo	fine	57
美丽	（形）	měilì	美，漂亮	52
梦	（动、名）	mèng	dream	54
米	（名）	mǐ	rice	52
（下）面	（名）	(xià)miàn	（下）边	45
面前	（名）	miànqián	front, before	49
苗	（名）	miáo	seedling, sprout	47
描写	（动）	miáoxiě	describe	53

明白	（形、动）	míngbai	clear; understand	49
明确	（形、动）	míngquè	clear; make clear	48
明信片	（名）	míngxìnpiàn	postcard	57
目不转睛		mù bù zhuǎn jīng	(look) with fixed eyes	56

N

拿定		nádìng	make up one's mind	53
那样	（代）	nàyàng	such	52
哪	（助）	na	*a modal particle*	47
难道	（副）	nándào	*an adverb making a rhetorical question more emphatic*	51
难忘	（形）	nánwàng	unforgetable	52
能干	（形）	nénggàn	able, capable	51
能够	（能动）	nénggòu	能	55
年龄	（名）	niánlíng	年纪	55
鸟	（名）	niǎo	bird	53
弄	（动）	nòng	make, do	48

O

噢	（叹）	ó	*an interjection*	57

P

判断	（动）	pànduàn	judge, assess	49
盼望	（动）	pànwàng	long for, hope	57
跑（车）	（动）	pǎo(chē)	run	55
配合	（动）	pèihé	cooperate with	55
（云）片	（名）	(yún)piàn	(of clouds) layer	56
飘	（动）	piāo	float, flat	57
凭	（动、介）	píng	rely on; base on	49
破	（动、形）	pò	break; broken	56
仆人	（名）	púrén	servant	51

Q

妻子	（名）	qīzi	wife	46
奇怪	（形）	qíguài	strange	47
奇观	（名）	qíguān	miraculous sight	56
其中	（名）	qízhōng	那里面	53
起劲	（形）	qǐjìn	in high spirit	55
浅	（形）	qiǎn	light	55
抢	（动）	qiǎng	grab, seize by force	47
敲	（动）	qiāo	knock	53
瞧	（动）	qiáo	看	54

巧	（形）	qiǎo	coincidental	53
亲手	（副）	qīnshǒu	with one's own hand	55
情景	（名）	qíngjǐng	situation, scene	53
请教	（动）	qǐngjiào	consult, ask for advice	54
穷	（形）	qióng	poor	58
区	（名）	qū	area	58
取	（动）	qǔ	get	51
圈	（名）	quān	frame, circle	54
全面	（形）	quánmiàn	overall	55
群	（量）	qún	group	52

R

然而	（连）	rán'ér	but, however	56
染	（动）	rǎn	dye	56
人家	（名）	rénjiā	household	50
人流	（名）	rénliú	a flow of people	57
任务	（名）	rènwù	task	52
日出	（名）	rìchū	太阳出来，太阳升起	56
日记	（名）	rìjì	diary	45

S

师傅	（名）	shīfu	a respectful form of address for a worker	55
诗人	（名）	shīrén	poet	53
拾	（动）	shi	pick up	57
时代	（名）	shídài	times	53
实际	（名、形）	shíjì	reality; realistic	49
石头	（名）	shítou	stone	46
实现	（动）	shíxiàn	realize	45
时兴	（动）	shíxīng	come into fashion	57
使	（动）	shǐ	make	53
使劲儿		shǐjìnr	exert strength	56
使用	（动）	shǐyòng	用	48
始终	（副）	shǐzhōng	always, from beginning to end	57
似的	（助）	shìde	a structural particle	56
事实	（名）	shìshí	fact	49
收	（动）	shōu	accept	57
受到	（动）	shòudào	receive, suffer	45
售票员	（名）	shòupiàoyuán	conductor, conductress	55
树林	（名）	shùlín	wood, forest	52
树枝	（名）	shùzhī	twig, tree branch	47

甩	（动）	shuǎi	fling, cast away	50
双	（量）	shuāng	pair	51
水土	（名）	shuǐtǔ	water and soil	50
说明	（动）	shuōmíng	explain, show, illustrate	48
司机	（名）	sījī	driver	55
思想	（名）	sīxiǎng	thought, thinking, idea	48
死	（动）	sǐ	die	46
宿	（专）	sù	dwell, stay overnight	53
酸	（动）	suān	sour	50
算	（形）	suàn	be considered as	51
随口	（动）	suíkǒu	(speak) without thinking	55
碎	（动）	suì	broken, fragmentary	57

T

太阳	（名）	tàiyang	the sun	50
（大会）堂	（名）	(dàhuì)táng	(assembly) hall	45
唐代	（专）	Tángdài	the Tang Dynasty	53
桃	（名）	táo	peach	57
提议	（动）	tíyì	propose, suggest	47
添	（动）	tiān	add, append	47

天空	（名）	tiānkōng	sky	56
天色	（名）	tiānsè	time of day or the weather as judgerd by the colour of the sky	52
田	（名）	tián	field	47
甜	（形）	tián	sweet	50
停顿	（动）	tíngdùn	pause	48
挺	（形）	tǐng	很	55
通红	（形）	tōnghóng	burning red	58
同伴	（名）	tóngbàn	companion	52
同时	（名）	tóngshí	at the same time	53
同意	（动）	tóngyì	agree	47
痛	（副）	tòng	severely, bitterly	54
偷	（动）	tōu	steal	49
头	（量）	tóu	"驴"的量词	53
（西）头	（名）	(xī)tóu	(west) end	58
头发	（名）	tóufa	hair	51
透	（动、形）	tòu	pass through; through	56
透顶	（形）	tòudǐng	极了	54
突然	（形）	tūrán	sudden	55
秃头	（名）	tūtóu	baldhead	51

231

推	（动）	tuī	push	52
推敲	（动）	tuīqiāo	weigh and consider	53
拖	（动）	tuō	pull, drag	58
驮	（动）	tuó	(of animals) carry on the back	53

W

挖	（动）	wā	dig	46
完全	（形）	wánquán	entire, complete	53
碗	（名）	wǎn	bowl	58
往往	（副）	wǎngwǎng	often, usually	49
望	（动）	wàng	看	56
忘记	（动）	wàngjì	忘	53
尾巴	（名）	wěiba	tail	58
伟大	（形）	wěidà	great	56
喂	（叹）	wèi	hey, hello	55
卫兵	（名）	wèibīng	guards	50
闻	（动）	wén	smell	58
文字	（名）	wénzì	written language, character	48
问号	（名）	wènhào	question mark	48
无赖	（名）	wúlài	rascal	58
侮辱	（动）	wǔrǔ	insult	50

X

希望	（名、动）	xīwàng	hope	45
吸烟		xī yān	smoke	52
洗澡		xǐ zǎo	take a bath	45
霞	（名）	xiá	rosy cloud	56
吓	（动）	xià	frighten	58
下班		xià bān	get off work	55
香	（形）	xiāng	fragrant, nice smelling	50
镶	（动）	xiāng	inlay	55
相接	（动）	xiāngjiē	接在一起	56
想法	（名）	xiǎngfǎ	idea, thinking	49
想起		xiǎngqǐ	remember, recall	52
象	（动）	xiàng	to resemble, be like	47
向	（介）	xiàng	to	52
向往	（动）	xiàngwǎng	yearn for	57
消失	（动）	xiāoshī	disappear	57
小偷	（名）	xiǎotōu	偷东西的人	50
笑话	（名）	xiàohua	joke	51
斜射	（动）	xiéshè	look sideways	54
写生	（动、名）	xiěshēng	sketch	52
辛苦	（形）	xīnkǔ	hard, hard working	45

信心	（名）	xìnxīn	confidence	46
行动	（名、动）	xíngdòng	action; act	49
性急	（形）	xìngjí	impatient, short-tempered	47
修	（动）	xiū	修理	55
修改	（动）	xiūgǎi	revise	53
袖子	（名）	xiùzi	sleeves	50
许	（动）	xǔ	promise	54
靴子	（名）	xuēzi	boot	51
寻	（动）	xún	找	57

Y

压	（动）	yā	press	58
呀	（助）	ya	*a modal particle*	47
烟	（名）	yān	cigarette	52
沿	（介）	yán	along	55
盐	（名）	yán	salt	52
眼光	（名）	yǎnguāng	eye	54
眼镜	（名）	yǎnjìng	glasses, spectacles	54
眼睛	（名）	yǎnjing	eye	51
眼前	（名）	yǎnqián	before one's eyes	52
宴会	（名）	yànhuì	banquet	50
晏子	（专）	Yànzǐ	*name of a person*	50

养（花）	（动）	yǎng(huā)	grow	57
样子	（名）	yàngzi	shape, manner	49
腰	（名）	yāo	waist	58
瑶家	（专）	Yáojiā	瑶族	52
药酒	（名）	yàojiǔ	能治病的酒	58
钥匙	（名）	yàoshi	key	58
也许	（副）	yěxǔ	perhaps	53
夜	（名）	yè	night	52
移	（动）	yí	remove, move	46
一切	（代）	yíqiè	所有的	48
一下子	（副）	yíxiàzi	一下子	58
以（南）	（介）	yǐ(nán)	to (the south)	50
以为	（动）	yǐwéi	think, consider	49
一口气		yìkǒuqì	in one breath	58
一举一动		yìjǔyídòng	(of a person's) one and every move	49
一时	（名）	yìshí	for a while, for the time being	53
一心	（副）	yìxīn	with one heart and one mind	53
一直	（副）	yìzhí	always	51
阴	（形）	yīn	cloudy	57
引号	（名）	yǐnhào	quotation mark	48

英雄	（名）	yīngxióng	hero	45
永远	（副）	yǒngyuǎn	forever	57
游春	（动）	yóuchūn	春天到郊外去玩儿，旅行	57
由于	（介）	yóuyú	owing to, due to	48
有时		yǒushí	sometimes	49
有意	（动）	yǒuyì	have a mind to	48
愚公	（专）	Yúgōng	Foolish Old Man	46
于是	（连）	yúshì	hence, thereupon, as a result	47
雨点儿	（名）	yǔdiǎnr	rain drop	57
羽毛	（名）	yǔmáo	feather	52
语气	（名）	yǔqì	tone, manner of speaking	48
语言	（名）	yǔyán	language	48
预备	（动）	yùbèi	准备	54
遇到		yùdào	遇见	51
遇上		yùshang	meet with	58
寓言	（名）	yùyán	fable	46
元旦	（名）	yuándàn	New Year's Day	57
原来	（形、副）	yuánlái	original; originally	47
原因	（名）	yuányīn	cause	51
原则	（名）	yuánzé	principle	50

236

正(对着)	（副）	zhèng (duìzhe)	right, exactly, just	46
知识	（名）	zhīshi	knowledge	51
…之一		…zhī yī	one of the…	45
枝子	（名）	zhīzi	branch	57
直	（形）	zhí	straight	58
只见		zhǐjiàn	(and) see	51
只有	（连）	zhǐyǒu	only	50
智叟	（名）	Zhìsǒu	Wise Old Man	46
终于	（副）	zhōngyú	at last	45
种	（动）	zhòng	grow, plant	47
重担	（名）	zhòngdàn	heavy burden	56
中毒	（动）	zhòngdú	be poisoned	58
重要	（形）	zhòngyào	important	48
周围	（名）	zhōuwéi	around, round	55
主观	（名、形）	zhǔguān	subjectivity; subjective	49
竹筒	（名）	zhútǒng	bamboo section used as a holder or container	52
主人	（名）	zhǔrén	host (hostess)	48
主席	（名）	zhǔxí	chairman	45
主意	（名）	zhǔyi	idea	50

住宿	（动）	zhùsù	stay for the night	52
转（身）	（动）	zhuǎn (shēn)	turn round	50
装	（动）	zhuāng	contain, hold	52
准确	（形）	zhǔnquè	accurate, exact	53
紫	（形）	zǐ	purple	56
自然	（形、名）	zìrán	natural; nature	54
总（是）	（副）	zǒng(shì)	always	50
纵	（动）	zòng	leap upward	56
走路		zǒulù	walk	51
足	（名）	zú	脚	47
嘴	（名）	zuǐ	mouth	53
醉	（动）	zuì	be drunk	58
做	（动）	zuò	do	49
作饭		zuòfàn	cook	52
作客		zuòkè	be a guest	48
作文		zuòwén	write a composition	54
作用	（名）	zuòyòng	function	48

词 语 例 解 索 引

Index of Notes

基础汉语课本

修订本

第三册

*

©华语教学出版社

华语教学出版社出版

（中国北京百万庄路 24 号）

邮政编码 100037

北京外文印刷厂印刷

中国国际图书贸易总公司发行

（中国北京车公庄西路 35 号）

北京邮政信箱第 399 号　邮政编码 100044

1996 年（大 32 开）第一版

（汉英）

ISBN 7 -80052 -183 -4 /H ·183 （外）

02010

9 -CE -2442PC